KB102624

마음을 흔드는 한마디

생각을
키우는
명언의
지혜

마음을 흔드는 한마디

생각을 키우는
명언의
지혜

장석만 엮음

유아이북스

지혜의 힘

　재미있는 이야기 한 가지로 시작을 해 볼까요? 중국의 청나라에 기윤이라는 학자가 있었습니다. 날씨가 너무나 더운 나머지, 그는 상반신을 벗은 채 나랏일을 하고 있었지요. 그런데, 갑자기 밖에서 환관이 외치는 소리가 들렸습니다.

　"황제 폐하 납시오!"

　가만히 있다가는, 벌거벗은 채 황제를 맞이하는 중죄를 저지르게 될 판국이었습니다. 그래서 기윤은 재빨리 탁자 밑으로 몸을 숨겼지요. 어느 정도 시간이 흐르고, 황제의 음성이 들리지 않았습니다. 탁자 밑에 엎드린 기윤은 황제가 간 것으로 생각하고 다른 사람에게 물었습니다.

　"늙은 두목께서는 가셨소?"

　이때, 의자에 앉아있던 황제의 안색이 굳어졌습니다.

　"기윤아, 늙은 두목이라는 말이 무슨 뜻이냐? 분명히 말하지 않으면 안 될 것이다!"

　자기가 한 말을 황제가 들었다는 사실을 알게 된 기윤은 눈앞이 캄캄해져 왔습니다. 그는 탁자 밑에서 기어 나온 다음, 바닥에 머리를 조아리며 말했지요.

"죽을죄를 지었사옵니다!"

"아무리 머리를 조아려도 안 될 것이다. 늙은 두목이 무슨 뜻인지 빨리 말하라."

황제가 노기 가득한 목소리로 꾸짖자, 기윤은 머리를 조아린 채 태연하게 입을 열었습니다.

"폐하, 노기를 거두시옵소서. 소신이 폐하를 늙은 두목이라고 부른 것은 폐하께 대한 존경의 뜻으로 그리 한 것입니다. '늙은'에는 만수무강하다는 뜻이 있고, '두목'이라 함은 모든 사람의 인솔자로서 땅을 떠받치고 우뚝 선 기개를 뜻하는 것이지요. 제가 폐하를 늙은 두목이라고 칭한 것은 이런 이유 때문이옵니다."

황제는 재치에 탄복해 흐뭇한 미소를 지었습니다. 목숨이 위험할 수 있는 상황이었지만, 기윤은 평소 갈고 닦았던 지혜를 임기응변으로 발휘했습니다.

이처럼, 세상을 살아가는 데 있어 반드시 필요한 것이 지혜입니다. 적절한 지혜는 곤란한 상황에서 여러분을 구해주고, 성공의 길로 이끌기도 하지요. 하지만 지혜는 지식과 달리, 공부만으로 쌓기는 어렵습니다. 직접 경험하거나, 다른 사람의 이야기를 들으며 기를 수 있답니다. 이 책은 다양한 인물들의 이야기와 수준 높은 명언을 통해 여러분에게 지혜를 선물합니다. 한마디 한마디 곱씹고 여러분의 것으로 소화시키다 보면, 여러분은 어느새 한 뼘 더 성장해 있을 것입니다.

차례

1장
나를 기르는
한마디

2장
인격을 다지는
한마디

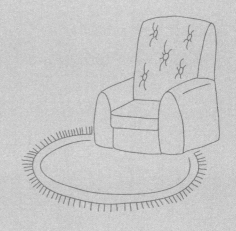

나에게 물질을 준다면
나는 우주를 만들어 보일 수 있다.

임마누엘 칸트

우리가 하는 일은 바다에 붓는 한 방울의 물보다 하찮은 것이다.
하지만 그 한 방울이 없다면 바다는 그만큼 줄어들 것이다.

마더 테레사

국가가 나를 위해 무엇을 해야 하는가 묻지 말고,
내가 국가를 위해 무엇을 할 것인지를 물어라.

존 F. 케네디

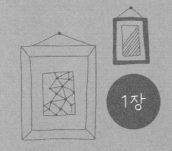

1장

나를 기르는
한마디

위인을 만든 책 한 권

인간 존재를 결정짓는 것은
그가 읽은 책과 그가 쓴 글이다.

표도르 도스토옙스키

———

링컨은 어릴 때부터 독서를 좋아했지만, 집안 형편이 어려워 책을 사 읽을 수가 없었다. 그래서 종종 이웃의 부잣집에 가서 책을 빌려다 읽고는 했다. 어느 날, 링컨은 미국의 국부國父인 조지 워싱턴의 전기를 빌려다 읽었다. 그는 워싱턴의 높은 인격과 위대한 생애에 매료되어, 밤이 깊어 가는 줄도 모르고 늦은 시간까지 책을 읽다가 깜빡 잠이 들었다.

그런데 이튿날 아침, 잠에서 깬 링컨은 깜짝 놀라고 말았다. 간밤에 내린 비가 통나무집 지붕을 뚫고 들어와 워싱턴의 전기를 적셔 버린 것이다. 링컨은 즉시 이웃집을 찾아가 사과하고, 책을 훼손한 대가로 일정 기간 동안 그 집의 일을 해 주었다. 그리고 링컨의 정직한 마음씨에 감동한 책 주인은 링컨에게 그 책을 선물했다. 뜻밖의 선물을 받은 링컨은 뛸 듯이 기뻐하며 집으로 돌아왔다. 그날부터 링컨은 그 책을 몇 번이고 되풀이하며 읽으면서, 훗날 워싱턴 같은 훌륭한 인물이 되겠노라고 다짐했다.

괄목상대(刮目相對)

중국의 삼국 시대, 오나라 손권의 부하 중에는 여몽이라는 장수가 있었다. 그는 힘이 세고 담력도 출중했지만, 제 이름조차 쓰지 못하는 일자무식이었다. 그의 능력을 아깝게 생각한 손권은 그에게 뒤늦게나마 책을 읽을 것을 권유했다. 상전의 의견을 받아들인 여몽은 글 공부를 하면서 책을 읽기 시작하였는데, 보통 열심히 하는 것이 아니었다. 그렇게 노력한 결과, 그는 하루가 다르게 놀라운 발전을 보였다. 무식했던 예전의 여몽만 기억하고 있던 사람들은 그의 엄청난 변화에 반신반의하면서도, 한편으로는 그를 새로운 눈으로 바라보게 되었다.

어느 날, 그의 선배 격인 장군 노숙이 우연히 여몽을 만나 토론을 벌이게 되었다. 그런데 여몽의 식견과 논리는 이제 더 이상 노숙이 상대할 수 없을 만큼 압도적이었다. 이에 진심으로 감탄한 노숙은 여몽의 등을 힘차게 두드려 주며 격려하였다.

"자네는 전쟁터에 나가 싸움밖에 할 줄 모르는 사람인 줄 알았는데, 이제 보니 학식에서도 폭넓게 통하고 있군."

"선비가 서로 헤어졌다가 사흘이 지난 뒤 다시 만나면, 곧 눈을 비비고 상대를 새롭게 봐야 할 것입니다."

이는 학문을 닦는 사람이라면 짧은 기간에도 노력해서 몰라보게 발전해야 한다는 교훈을 담고 있는 이야기이다.

" 감사하는 마음은 최고의 미덕이며,
모든 미덕의 어버이와 같다. "

키케로

평범한 시민

한 인간의 인격을 시험해 보려면,
그에게 권력을 주어 보라.

에이브러햄 링컨

———

정류장에서 전차를 기다리느라 줄을 선 승객들 사이에 신문을 펼쳐든 한 신사가 있었다.

"아저씨, 전차가 왔어요. 어서 타셔야 저도 탈 거 아닙니까."

뒤에 선 소년의 말에, 신사는 보던 신문을 급히 접고 차에 올랐다. 그리고 신사의 뒤를 따라 차에 올라탄 소년은 공교롭게도 그의 옆자리에 앉게 되었다.

"너는 몇 살이냐? 이름은 뭐니?"

"열두 살이고요, 제 이름은 조지예요. 집은 공항 근처에 있어요. 아저씨 이름도 말씀해 주세요."

"이번엔 내가 대답할 차례인가? 내 이름은 맥밀런이란다."

"맥밀런이라고요? 그럼 수상 아저씨와 이름이 같네요."

"암, 같고말고. 하지만 지금은 수상이 아닌 걸."

"정말 이상하네… 아저씨는 맥밀런 수상을 많이 닮았는데요?"

"조지, 내가 며칠 전까지 수상이었던 맥밀런이란다. 그렇지만 지금은 아니야."

"그런데 영국의 수상이 어째서 전차를 타려고 줄을 서서 기다리죠?"

"며칠 전까지는 수상이었지만, 지금은 평범한 시민이기 때문이지."

맥밀런은 소년의 귀에 입을 가까이 대고 속삭였다.

"조지, 어제의 수상도 그 자리에서 물러나면 일반 국민과 똑같단다. 수상은 나라 일에 바쁘니까 좋은 택시를 타고 다니지만, 나는 이제 급한 일이 없으니까 전차를 타야지. 너도 이다음에 커서 수상이 되었다가, 다시 시민으로 돌아오면 이렇게 전차를 타고 다녀야 하지 않겠니?"

누군가 얼굴에 침을 뱉는다면

**입은 사람 사이를 가깝게 하기도 하고,
군사를 일으키기도 한다.**

《상서》

———

당나라의 여성 황제 무측천에게는 유능한 신하 누사덕이라는 사람이 있었다. 누사덕은 아우가 대주 자사로 발령을 받아 떠나게 되었을 때 이렇게 말했다.

"우리 형제가 모두 벼슬을 얻게 되어 경사스럽기는 하나, 그만큼 남들의 시기도 있을 것이다. 그 시기를 잘 모면해야 할 텐데, 어떻게 하면 좋겠느냐?"

"설사 다른 사람이 저의 얼굴에 침을 뱉는다 해도, 그를 탓하지 않고 제 손으로 닦겠습니다. 모든 일을 이와 같이 하면 형님께 걱정을 끼치지 않을 것입니다."

"내가 걱정하는 것이 바로 그것이다. 누군가 네 얼굴에 침을 뱉을 때는 그 사람이 너에게 화가 났을 때이다. 그런데 네가 그 침을 닦으면, 상대방은 더욱더 화가 날 것이 틀림없다. 침 같은 것은 닦지 않아도 자연히 마르니, 그럴 때는 그냥 웃으면서 그대로 두어라."

공포 정치로 이름난 무측천의 밑에서 벼슬을 하려면, 이처럼 너그러운 성정이 아니고서는 버텨낼 수 없었을지도 모르는 일이다. 너그러운 정도가 아니라 완전히 바보가 되어야 할 터였다. 결론적으로, 누사덕은 이러한 성미 덕분이었는지 무측천의 밑에서 명재상의 자리에까지 올랐다.

늦은 때란 없다

꿈을 이루기에 늦은 나이란 없다.

스탠리 볼드윈

에스파냐의 소설가 미겔 데 세르반테스는 서른네 살이 될 때까지 아무것도 이루어 놓은 것이 없었다. 심지어 그는 왼손의 장애까지 가지고 있는 몸이었다. 하지만 세르반테스는 "이젠 늦었어! 끝장이야!"라고 말하는 법이 없었다. 대신 각고의 노력 끝에, 첫 작품 《라 갈라테아》와 《라 누만시아》를 써냈다. 그럼에도 불구하고 한동안 가난의 굴레를 벗어나지 못했지만, 58세 때 《돈키호테》를 출판하면서 결국 부와 명성을 거머쥐었다.

어떤 이는 인생의 전성기가 이미 지나갔다고 생각할지도 모른다. 하지만 실제로 그렇더라도 사람은 계속 행복을 꿈꿔야 한다. 만약 햇빛이 비치지 않는 어두운 길을 힘겹게 걷고 있더라도, 희망의 끈을 놓지 말아야 한다. 그리고, 그렇게 하기 위해서는 끊임없이 흘러가는 시간과 경쟁해야 한다. 왜 우리는 희망하는 바를 실천하지 못하는가? 너무 늦었다고 생각하기 때문인가, 아니면 실패가 두렵기 때문인가? 조급해하지 말고 용기를 내라. 지금 시작해도 늦지 않다.

대통령이 된 일자무식

모르는 것을 아는 것이 최상이요,
모르면서 안다고 하는 것은 병이다.

노자

———

　미국의 제17대 대통령 앤드루 존슨은 세 살 때 아버지를 잃었고, 너무 가난하여 학교를 다니지 못하였다. 그래서 그는 열세 살에 양복점의 직원으로 들어가 재봉틀 만지는 일을 배웠다. 이후, 열일곱 살에 독립하여 양복점을 차렸고 열여덟 살에는 구두 수선공의 딸과 결혼하였다. 정규 교육 과정을 거치지 못했던 그는 당연히 글자를 읽고 쓸 수 없었다. 하지만 존슨에게 기초적인 교육을 시켜준 사람이 있었으니, 바로 그의 아내였다. 아내의 가르침과 존슨의 학구열이 더해지며 점차 그의 출셋길이 열리기 시작했다.

　이후 존슨은 테네시 주의 주지사를 거쳐 상원 의원이 되었다. 링컨 대통령 시절에는 부통령의 자리까지 올랐다. 그리고 링컨이 암살 당하자, 잔여 임기를 수행한 후 제17대 대통령 후보로 출마했다. 그때 경쟁 후보의 진영에서는 '일자무식으로 초등학교도 못 나온 양복장이 주제에 어떻게 미국의 대통령이 될 수 있겠는가?'라며 비난의 화살을 퍼부었다. 그러나 존슨은 멋진 답변으로 비난의 화살을 튕겨 낼 수 있었다.

"예수 그리스도도 초등학교에 다녔다는 기록이 없습니다. 게다가 그분은 목수이지 않았습니까?"

그리하여 존슨은 미국의 대통령에 당선되었고, 재임 당시 역사에 남을 만한 대표적인 업적을 남겨 놓았다. 바로 알래스카를 소련으로부터 720만 달러에 사들인 것이다. 이는 훗날 미국이 전 세계 부의 75퍼센트를 좌우하는 데에 큰 영향을 미쳤다. 눈과 얼음으로 뒤덮인 그 땅이 수많은 천연자원을 품고 있을 줄이야…. 이 사실을 내다본 존슨의 선견지명에 감탄이 절로 나온다.

• 현명함에 대한 명언 •

어리석은 자나 현명한 자는 모두 해가 없다.
반만 어리석거나, 반만 현명한 자가 제일 위험하다.

요한 볼프강 폰 괴테

하늘이 총명한 것은 백성이 총명하기 때문이다.

《상서》

가난한 것과 병든 것은 다르다

검소함은 공경할 만한 덕이고,
사치는 최대의 악이다.

《좌전》

———

　공자의 제자 원헌이 노나라에 살 때, 그의 집은 사방이 한 길밖에 안 되는 좁은 방 두 칸으로 이루어져 있었다. 지붕은 풀로 이엉을 이 었고, 쑥으로 얼기설기 엮어 놓은 지게문은 다 쓰러져 갔다. 뽕나무 로 문을 삼고, 담벽에 깨진 항아리를 박아서 만든 창문은 누더기 옷 을 틀어막아 겨우 바람을 막았다. 이를 일컬어 상추옹유桑樞甕牖라고 한다. 이는 '뽕나무 문에 항아리 창문'이라는 뜻으로, 가난하고 검소 한 생활을 말한다. 비가 내리는 날에는 천장에서 물이 새고, 바닥은 물기가 가시지 않아 늘 눅눅하였다. 그러나 원헌은 아랑곳 않고 단 정하게 앉아 거문고를 타곤 하였다.

　하루는 공자의 또 다른 제자인 자공이 으리으리한 마차를 타고 원 헌을 찾아 왔다. 자공이 타고 온 마차는 지붕이 희고, 안쪽은 짙은 하늘빛을 띤 화려한 마차였다. 그런데 마차의 크기가 너무 큰 바람 에 도저히 좁은 골목으로 들어올 수가 없었다. 자공은 하는 수 없이 마차에서 내려 골목길을 걸어서 원헌의 집을 찾아왔다. 그의 예고 없는 방문에, 원헌은 나무껍질로 만든 관을 머리에 쓰고 뒤꿈치가

다 닳은 신발을 신은 채 나무 지팡이를 짚고 나와서 자공을 맞이하였다. 자공은 마중 나온 원헌의 모습을 보고 동정하듯이 물었다.

"어찌하여 선생께서는 이렇게 병색을 띠고 쇠약하게 계십니까?"

"저는 재물이 없는 것을 가난하다고 하고, 배워서 실천하지 못하는 것을 병들어 쇠하였다고 하는 것으로 알고 있습니다. 지금 저는 비록 가난하기는 하지만, 병들어 있는 것은 아닙니다."

원헌의 말을 듣고 자공은 부끄러워 얼굴이 붉어졌다. 원헌은 웃음 띤 얼굴로 덧붙였다.

"세간에 떠도는 평판에 따라 행동하며 당파를 만들고, 남에게 자기를 과시하기 위하여 학문을 하며, 남을 가르치되 그로써 자신의 이익을 탐하고, 겉으로는 인의仁義의 간판을 내걸고, 안으로는 온갖 나쁜 짓을 저지르며 자신이 타는 마차를 갖가지로 꾸미는 등의 행동을 저로서는 도저히 할 수 없소이다."

" 진실을 말한다면,
어떤 것도 기억할 필요가 없다. **"**

마크 트웨인

보초병의 임무

책임에 충실하면 기회는 스스로 만들어진다.

존 워너메이커

어느 날, 나폴레옹이 밤중에 적진 가까이에 있는 아군의 진지를 순찰했다.

"정지! 누구야?"

으슥한 곳에 서 있던 보초병이 그에게 암호를 물었다.

"나다!"

나폴레옹의 대답에 보초병이 소리쳤다.

"'나'가 누구야!"

"나폴레옹이다. 너희들이 맡은 바 임무를 충실히 하고 있는지 살피기 위해서 나왔다. 어서 나를 통과시켜라!"

그러나 보초병은 나폴레옹의 말을 들은 척도 하지 않았다.

"움직이면 쏜다!"

"이봐, 병사! 나는 나폴레옹이란 말이다. 어서 총 내려!"

"그런 소리 말고 돌아가십시오! 아무리 총지휘관님이라도 제 직속상관의 명령 없이는 통과시킬 수 없습니다."

"정말 안 되겠나?"

"네, 절대로 안 됩니다."

"그렇다면 할 수 없군."

결국 나폴레옹은 자신이 머무르는 막사로 돌아가야 했다. 이튿날, 나폴레옹은 날이 밝기가 무섭게 지난밤에 만났던 보초병을 불렀다.

"부름을 받고 왔습니다."

"어서 오게. 자네, 간밤에 나를 통과시켜 주지 않은 데 대해서 어떻게 생각하나?"

"프랑스를 위해서 싸우는 한 군인으로서, 맡은 바 임무를 완수했다고 생각합니다. 간밤에 장군님을 통과시키지 않은 것이 죄라면, 그에 대한 벌을 달게 받겠습니다."

나폴레옹은 고집스럽고 용기 있는 그 병사의 태도가 흡족했다.

"하하하… 자네야말로 훌륭한 군인일세. 내 당장 자네를 육군 소위로 승진시켜 주겠네!"

토사구팽(兎死狗烹)

**다른 사람이 호의를 남김없이 베풀기를 바라지 말고,
충성을 남김없이 바치기를 바라지 말라.
이는 안전한 교제를 위해서이다.**

《예기》
———

월나라 왕 구천이 천하의 패자霸者가 될 수 있었던 것은 범려의 공이었다. 그런데 범려는 구천이 고생은 같이 해도 행복은 함께 누릴 수 없는 인물이라고 생각하여, 그에게 작별의 글을 써 보냈다.

> 왕에게 걱정이 있으면 신하는 걱정을 덜어 드리기 위해 애쓰고,
> 왕이 수모를 받으면 신하는 그 수모를 풀기 위해
> 한 목숨을 바친다고 들었습니다.
> 전날에 왕께서 수모를 받으실 때, 제가 죽지 않고 살았던 것은
> 그 수모를 풀기 위해서였습니다.
> 그런데 지금은 그 수모를 풀 수 있게 되었습니다.
> 전날 회계에서 죽지 못한 죄를 벌해 주시기 바랍니다.

그러나 구천은 범려를 벌하기는커녕, 나라를 둘로 갈라서 나누어 갖자고 권했다. 그러자 범려는 할 수 없이 월나라를 떠나야겠다고 결심하고, 대충 짐을 꾸린 다음 밤중에 몰래 제나라로 도망갔다. 제나라에 도착한 범려는 월나라 대부 종에게 편지를 썼다.

날짐승이 없어지면 활이 소용없게 되고, 토끼가 죽고 나면
사냥개를 잡아먹는다고 합니다. 월나라의 왕 구천은
목이 길고 입이 새의 부리 같이 뾰족합니다.
이러한 상을 가진 인물은 고생은 함께 할 수 있어도
즐거움은 함께 할 수가 없습니다.
그러니 빨리 이를 떠나는 것이 안전할 것입니다.

종은 범려의 편지를 읽고 그날부터 병을 핑계로 집에 누워 있었
다. 그러자 신하 중 한 사람이 왕과 종의 사이를 이간질하였다.

"폐하, 종이 반란을 일으키려고 꾸미고 있습니다."

그러자 왕은 종에게 칼 한 자루를 내리며 스스로 목숨을 끊으라고
했다. 범려의 예상이 맞아떨어진 것이다. 한편, 제나라에 간 범려는
이름을 '치이자피'라고 고쳤다. 이는 말가죽으로 만든 자루라는 뜻
이다. 범려의 적수였던 오나라의 오자서가 큰 공을 세우고도 훗날
왕에게 죽임을 당하여 말가죽 자루에 담겨 강에 버려진 일을 따서
이름을 붙인 것이었다. 범려는 제나라에 간 지 얼마 되지 않아 엄청
난 재산을 모았다. 이 소문을 들은 제나라 사람이 범려를 제나라의
재상으로 앉히려고 하자, 범려는 탄식하여 말했다.

"집에 있어 천금을 모으고 벼슬에 나아가 재상이 되니, 여기서 더
무엇이 필요하겠는가. 너무 오래 유명하고 보면 좋지 않은 법이다."

범려는 제나라 재상의 자리를 마다하고, 그 동안 모은 재물을 모
두 아는 사람과 고향 사람들에게 나누어 주었다. 그러고는 짐을 대
충 챙겨서 다시 도나라로 떠났다.

옥구슬로 참새 잡기

**나는 가장 적은 욕심을 가졌으므로,
신에 가까운 존재이다.**

소크라테스

———

　노나라 왕은 안합이 도를 깨친 사람이라는 소문을 듣고, 사자使者를 보내 그를 모셔오도록 했다. 안합은 왕의 사자가 와서 선물을 내놓자 이렇게 말했다.

　"혹시 이름을 잘못 들으신 게 아닙니까? 돌아가셔서 다시 한번 알아보십시오. 저 같은 사람을 데리고 가셨다가는 벌을 받으실지도 모릅니다."

　안합은 세상에 자신의 이름이 알려지는 것을 몹시 싫어했다. 그에게 있어 참다운 길은 우선 자기의 몸을 닦고, 그 다음에 나라를 다스리고, 그리고 나서 남은 힘이 있을 때 천하를 다스리는 것이었다. 만약 어떤 사람이 수후지주(수나라의 귀한 구슬)를 쏘아 날아가는 참새를 잡았다고 하면 세상 사람들은 모두 웃을 것이다. 그 이유는 가벼운 목적에 비해 방법이 너무 과하기 때문이다. 인간의 생명은 수후가 가지고 있는 구슬보다도 훨씬 귀하다. 그렇게 소중한 것을 가지고 하찮은 세속의 공리功利를 구하려는 것은 어리석은 일이다.

3달러를 얻는 법

돈은 머리에 넣고 다녀라.
절대로 가슴에 품지 말아라.

조나단 스위프트
———

미국의 국민 작가로 불리는 마크 트웨인은 과거 한 끼조차 해결할 수 없을 정도로 가난했다. 어느 날, 식당 앞에서 구경만 하는 그의 옆으로 잘생긴 사냥개 한 마리가 다가와서 꼬리를 흔들었다. 그러다가 트웨인이 다른 곳으로 걸어가자 졸졸 따라오는 것이었다. 그때, 한 신사가 개를 보더니 트웨인에게 개를 팔라고 했다.

"3달러만 주시면 팔겠습니다."

신사는 두말없이 3달러를 내주고는 개를 데리고 식당으로 들어갔다. 돈을 받은 트웨인은 사거리 쪽으로 가다가 또 한 명의 신사를 만났다. 두리번거리며 무언가를 찾고 있는 그를 보고 트웨인이 물었다.

"혹시 개를 찾고 있지 않습니까?"

"네, 검정색 셰퍼드를 찾고 있는데 혹시 보셨나요?"

"3달러만 주시면 곧 찾아드리겠습니다."

이렇게 해서 트웨인에게는 6달러가 생겼다. 그는 처음에 만났던 신사를 찾아 식당으로 갔다.

"아무래도 개와 떨어질 수가 없군요. 3달러를 다시 드릴 테니, 개를 돌려주셔야겠습니다."

그리고 트웨인은 원래 주인에게 개를 돌려주었다. 이렇게 해서 그는 양심의 가책 없이 3달러를 벌게 되었다.

• 돈에 대한 명언 •

가난은 부끄러운 일이 아니지만,
가난을 수치스럽게 생각하는 것은 부끄러운 일이다.

벤저민 프랭클린

부자가 재산을 자랑하더라도
그 돈을 어떻게 쓰는지 알기 전에는 칭찬하지 마라.

소크라테스

강함과 부드러움

강함과 부드러움이 서로 보충할 때,
비로소 정치의 균형이 잡힌다.

공자
———

춘추 시대 정나라의 재상이었던 자산은 농촌 진흥 정책을 적극적으로 추진하는 동시에, 백성들로부터 군사비를 확보하고자 했다. 그러자 사람들 사이에서 그를 비난하는 소리가 높아졌다. 이 상황이 걱정스러워진 자산의 부하가 정책과 사업들을 중지하는 것이 어떠냐고 제안하였다. 그러나 자산은 부하에게 이렇게 말했다.

"나라에 이익이 되는 일이라면 이 몸을 희생해도 괜찮다. 선한 일이라면 끝까지 해내야 하느니라. 그렇지 못하면 모처럼의 선행도 쓸모가 없는 법이다. 비록 백성들에게 비난을 받는다고 해도 그만둘 수는 없다."

자산이 시행한 농촌 진흥 정책은 마침내 정상 궤도에 올랐고, 동시에 농민들의 불만도 자취를 감추었다. 오히려 농민들은 자산이 선정善政을 펼쳤다고 칭송하기도 하였다.

또한 정나라에는 '향교'라고 불리는 교육 기관이 있었는데, 이곳은 지방 간부를 양성하는 곳이었다. 그런데 언젠가부터 이곳은 정치에 불만을 품은 무리들의 거점으로 이용되고 있었다. 자산의 측근이었던 관리가 이 사실을 알고, 그에게 향교를 폐쇄하자는 제안을 했다. 그러자 자산은 이렇게 말했다.

"그럴 필요 없다. 그들은 아침부터 저녁까지 자기가 맡은 일을 끝내고 난 후, 향교에 모여 우리의 정치를 비판한다. 나는 그들의 의견을 듣고 참고해서 평판이 좋은 정책은 계속 실행하고, 평판이 나쁜 정책은 고치도록 유념하고 있다. 그들은 나의 스승이나 마찬가지인 것이다. 물론 그들을 탄압하여 언론을 강제로 봉쇄할 수는 있다. 그러나 그것은 강물의 흐름을 막는 것과 같은 것이다. 그러다가는 봇물이 터져 홍수가 나고 수많은 사상자가 나게 될 것이다."

자산은 이와 같이 너그러움과 냉철함, 부드러움과 강함이 균형을 이루는 정치를 통해 나라의 재건에 성공하여 명재상으로 추앙을 받게 되었다.

물 마시는 미국인

버는 돈에 비해 적게 쓰는 법을 안다면,
'현자의 돌'을 가진 것과 같다.

벤저민 프랭클린

벤저민 프랭클린은 열일곱 살에 인쇄공으로 일을 시작했는데, 그의 능력은 주지사도 인정할 정도였다. 당시 주지사는 프랭클린에게 독립을 권유하며 이렇게 말했다.

"돈 걱정은 하지 말게. 나는 이 지역에 훌륭한 인쇄소가 있었으면 한다네. 자네라면 반드시 성공할 거야."

주지사의 말을 진지하게 받아들인 프랭클린은, 인쇄 재료를 구입하기 위해 미국에서 런던으로 먼 길을 떠났다. 그런데 프랭클린은 런던에서 충격적인 사실을 알게 되었다. 바로 주지사는 약속은 쉽게 하지만, 제대로 지킨 적은 없는 인물이라는 것이었다. 이 이야기를 들은 프랭클린은 망연자실했지만, 같은 배에 탄 사람들의 권유로 런던의 인쇄소에서 일을 배우게 되었다.

프랭클린은 열심히 일하는 동시에, 견문을 넓혀 많은 친구를 사귀고 틈틈이 독서에도 힘썼다. 또한 그는 근검절약하는 생활 습관으로도 유명했다. 인쇄공들 사이에서는 점심을 먹을 때 빵에 맥주를

곁들이는 것이 당연한 이치였는데, 프랭클린만 언제나 물로 때웠다. 오죽하면 '물 마시는 미국인'이라는 별명이 붙을 정도였다.

프랭클린은 런던에서 18개월의 시간을 보낸 후 미국으로 돌아왔다. 비록 큰돈을 번 것은 아니었지만, 여러 가지 경험으로 인해 그는 현명함이라는 자산을 얻었다. 이후 프랭클린은 인쇄소를 경영하며 신문을 발행하고, 다양한 아이디어와 검소한 생활 습관으로 재산을 모았다. 그리하여 훗날 정치와 문화에 걸친 활약의 토대를 구축할 수 있었던 것이다.

사람을 쓰는 기술

노래를 잘하는 사람은 남에게 그 소리를 잇게 하고,
잘 가르치는 사람은 남에게 그 뜻을 잇게 한다.

《예기》
—

격동의 시대라 불리는 중국의 삼국 시대 때, 오나라에 손권이라는 자가 있었다. 그는 조조와 유비에 대항하여 살아남을 수 있었는데, 과연 그 비결이 무엇일까? 물론 손권 본인의 능력도 뛰어났지만, 그에 앞서 부하를 다루는 능력이 탁월했기 때문이다. 손권의 장기는 '인재를 발굴하여 키우는 것'이었다. 그는 단점은 눈감아 주고, 장점은 살려 주는 방법으로 인재를 양성하는 데 힘썼다. 그런 다음에는 부하를 신뢰하며 일을 맡겼다.

그 결과, 손권은 우수한 인재들을 많이 발굴하여 적재적소에서 각자의 능력을 발휘하게 하였다. 그 덕분에 손권은 어지러운 상황 속에서도 목숨을 보전할 수 있었던 것이다. 손권이 19세 되던 해, 그의 형인 손책이 세상을 떠나기 전에 아우를 불러 유언을 남겼다.

"전쟁을 하여 천하를 빼앗는 일에 있어서는 너는 내 수준에 미치지 못한다. 그러나 부하의 능력을 끌어내고, 진심어린 의욕을 갖게 하여 나라를 보전하는 데 있어서는 나는 네 수준에 미치지 못한다."

손책이 말한 대로, 손권은 19세라는 어린 나이에 손 씨 가문의 수

장이 되었다. 그리고 수많은 부하들을 활용하여 내정을 정비하고 군사력을 증강하였다. 또한 조조와 유비 등을 조종하여 세력을 확장하고 영토를 보존함으로써 오나라를 건국할 수 있었다. 이는 그가 사람을 활용하는 기술이 매우 뛰어났기에 가능한 일이었다.

대통령과 구두닦이

조상 중에 노예가 없었던 왕은 없고,
조상 중에 왕이 없었던 노예도 없다.

헬렌 켈러

———

    링컨이 대통령이 되고 난 뒤의 어느 아침이었다. 급한 용무가 있던 비서는 대통령을 찾아 복도로 나섰다. 그때, 복도 한구석에 쭈그리고 앉아 신발을 닦는 한 남자의 모습이 눈에 들어왔다. 비서가 이를 수상쩍게 여겨 자세히 보니, 그는 다름 아닌 자기가 찾고 있는 링컨 대통령이었다. 그렇지 않아도 '링컨은 시골뜨기라서 대통령으로서의 품위가 없다'고 비난하는 소리가 들려오던 터라, 비서는 이 문제를 짚고 넘어가야겠다고 생각했다.

    "어찌하여 대통령의 신분으로 손수 그런 일을 하십니까? 이러시는 것을 사람들이 알면 좋지 않게 생각할 것입니다."

    이 말에 링컨은 슬며시 웃으며 말했다.

    "내가 내 신발을 닦는 것인데, 이것이 부끄러운 일인가? 그렇게 생각하는 자네들이 잘못된 것이지. 대통령이나 구두닦이나 다 같이 세상일을 하는 사람일세."

사상가를 이긴 가정부

**사람은 각자 할 수 있는 것이 있고,
할 수 없는 것이 있다.**

《좌전》

———

    미국의 사상가 랄프 왈도 에머슨과 그의 아들은 외양간을 탈출한 송아지 한 마리를 잡은 채 진땀을 빼고 있었다. 그들은 온갖 방법을 다 써 보았지만, 웬일인지 송아지는 외양간 안으로 들어가지 않으려고 기를 쓰고 버티는 것이었다. 때마침 그곳을 지나던 늙은 가정부가 송아지와 씨름하고 있는 두 사람을 발견했다. 가정부는 곧 그들을 밀치고 송아지에게 다가갔다. 그녀는 먼저 송아지의 입에 자신의 검지를 물렸다. 그러자 송아지는 젖을 빨듯이 그녀의 손가락을 빨았다. 그 상태로 그녀는 천천히 뒷걸음질을 쳐서 송아지를 외양간 안으로 끌어들이는 데 성공하였다.

    "아니, 이럴 수가…."

    세상 사람들이 모두 인정하는 에머슨의 풍부한 학식이 어이없게 무색해진 순간이었다.

강철왕의 어린 시절

이름은 사람을 다스리는 대도(大道)이다.

《예기》

―――

　열 살의 카네기는 산에 올라갔다가 우연히 토끼 한 마리를 잡았다. 그는 조그만 우리를 만든 다음, 그 안에서 토끼를 길렀다. 그런데 얼마 후, 토끼는 새끼를 낳기 시작했는데 카네기 혼자서는 먹이를 챙기기 버거울 만큼 수가 불어났다. 그는 궁리 끝에 한 가지 묘안을 생각해냈다. 바로 '이름'을 이용하는 것이었다.

　카네기는 같은 동네에 사는 친구들을 모아 놓고, 만약 토끼가 좋아하는 풀을 뜯어오면 그 사람의 이름을 새끼에게 붙여 주겠노라고 약속했다. 그의 제안에 따라 아이들은 적극 동참했고, 이러한 방식으로 카네기는 많은 토끼를 기르는 데 성공할 수 있었다. 카네기는 그때 이미 사람들이 자신의 이름에 그만큼 관심이 크다는 사실을 간파했던 것이다. 소년 시절의 이 경험은 훗날 그가 '강철왕'으로 엄청난 재산을 모으는 데 큰 도움이 되었다.

인생의 재산

**시간은 나의 재산이요,
나의 일터 또한 시간이다.**

요한 볼프강 폰 괴테

———

어느 날, 괴테는 아들이 수첩에 다음과 같은 말을 써 놓은 것을 보게 되었다.

인생에는 2분 반이라는 시간이 있다.
1분은 미소이고, 1분은 탄식이며, 30초는 사랑이다.
그것은 그가 이 30초의 사랑 속에서 죽어 버렸기 때문이다.

아들이 인생을 바라보는 시각이 너무 회의적이라고 느낀 괴테는 걱정스러운 마음으로 그 글 아래에 다음과 같은 글귀를 적어 놓았다.

1시간은 60분,
하루는 천여 분이어라.
애야, 이 도리를 깨우치면
사람이 얼마의 기여를 할 수 있겠느냐?

시간은 곧 사람의 생명이며 과업인 것이다. 오로지 시간을 아껴야 생명도 연장할 수 있고, 인생의 과업도 성공할 수 있다. 괴테는 일생 동안 창작을 위해 노력하며, 시간을 소중히 아끼는 삶을 살았다.

• 시간에 대한 명언 •

나는 영토를 잃을 수는 있어도,
결코 시간은 잃지 않을 것이다.

나폴레옹

우리가 진정으로 소유한 것은 시간뿐이다.
달리 가진 것이 없는 이에게도 시간은 있다.

발타자르 그라시안

형편없는 사람

진정한 솜씨는 서투른 것처럼 보이고,
진정한 웅변은 말주변이 없는 것처럼 보인다.

노자

———

한 남자가 노자를 따라 여행길에 나섰다. 그런데 얼마 동안 가던 노자가 걸음을 멈추고 탄식 섞인 목소리로 혼자 중얼거렸다.

"그래도 어딘가 쓸 만한 구석이 있는 녀석인 줄 알았더니, 아주 형편없는 놈이구면!"

남자는 노자의 말을 못 들은 척하였다. 이윽고 저녁이 되어 두 사람은 주막집에 들렀다. 안으로 들어서자, 술을 마시고 있던 사람들이 일제히 일어나 앞다투어 남자에게 공손히 인사를 건넸다. 그리고 화롯가에 앉아 있던 사람들은 얼른 그에게 자리를 내주었다. 저녁 식사를 마친 남자가 기세등등한 태도로 노자에게 물었다.

"아까 저더러 형편없는 놈이라고 하셨는데, 도대체 그게 무슨 말씀이신지요?"

"자네는 말이야, 눈을 치뜨고 있어서 잘난 체하는 것처럼 보이네. 본래 지극히 흰 것은 엷은 푸른색이 감돌아서 마치 물들인 것처럼 보이고, 덕이 가득 찬 사람은 어딘가 모자란 듯이 보이는 법일세."

생각이 만드는 허기

생각이 있고 자신을 아는 사람 한 명은,
생각이 없거나 자신을 모르는 사람 열 명을 상대해도
항상 이길 수 있다.

조지 버나드 쇼

———

쇼펜하우어는 엄청난 대식가였다. 먹고 마시는 일에 관해서는 남보다 뒤쳐지는 법이 없었다. 그는 먹는 행위를 즐겼고, 음식을 사랑했으며, 언제 어디서나 음식과 함께 하기를 좋아했다. 어느 날, 쇼펜하우어는 레스토랑에서 엄청난 양의 식사를 하고 있었다. 그 모습을 보다 못한 그의 친구가 한심하다는 투로 말했다.

"그렇게 막무가내로 먹어 대면 자네 속에는 음식 찌꺼기만 가득 차게 될 걸세. 그래서야 무엇 하나 제대로 해낼 수 있겠는가?"

쇼펜하우어는 씹던 음식을 계속 씹으면서 이렇게 대답했다.

"그래, 확실히 나는 두 사람 몫의 음식을 먹지. 그 대신 나는 생각도 두 사람 몫으로 하고 있지 않은가!"

최고의 효도

부모님이 자녀를 온전하게 낳아 주셨으니,
자녀도 그 몸을 건강하게 보존하며 사는 것이 효도의 길이다.

《예기》

———

미국 제20대 대통령이었던 제임스 가필드는 집이 가난하여 학교에 들어가서도 책 한 권조차 살 수가 없었다. 부모 노릇을 제대로 해 주지 못해 마음이 아팠던 어머니는 가필드에게 항상 미안함을 표현하였다. 하지만 그럴 때마다 가필드는 태연하게 말했다.

"어머니, 걱정하지 마세요. 반드시 훌륭한 사람이 될 테니까요."

"그래, 부디 훌륭하게 자라서 남을 도울 수 있는 사람이 되렴."

가필드는 어머니의 말씀을 가슴 깊이 새기고, 어려운 환경 가운데에서도 열심히 노력했다. 그리고 대학 총장을 거쳐, 마침내 대통령까지 당선되었다. 대망의 취임식 날, 가필드는 어머니를 부축하면서 나타났다. 그는 대통령석에 어머니를 모신 다음, 자신은 그 옆에 선채로 취임사를 시작했다.

"여러분, 저를 대통령이 되도록 보살펴 주신 저의 어머니입니다. 오늘 이 영광은 제 어머니께서 받으셔야 합니다."

가필드의 말이 떨어지자마자 객석에서는 우레와 같은 박수 소리가 터져 나왔다.

마음을 읽는 능력

아첨꾼은 나보다 열등하거나
그런 척하는 친구이다.

아리스토텔레스

—

당나라 태종은 사람을 보는 안목이 뛰어났다. 누구든지 보기만 하면 그 사람이 재주가 있는지 어리석은지, 충성스러운지 요사스러운지를 가려낼 줄 알았다. 그는 늘 신하들에게 이렇게 말했다.

"왕은 오직 한 사람, 따라서 마음도 하나뿐이다. 그런데 그 하나의 마음에 들기 위해서 수많은 사람들이 모여든다. 어떤 자는 용기나 힘을 이용해 왕이 전쟁을 하도록 만들고, 어떤 자는 말재주로 왕의 판단력을 흐리게 하고, 또 어떤 자는 아첨으로 왕을 속이려 하고, 어떤 자는 취미 따위로 왕의 정신을 그곳에 빠뜨린다. 저마다 그럴듯한 명분으로 달려드니, 왕은 잠깐만 정신을 놓쳐도 이 사람들에게 넘어가 무서운 결과를 초래한다."

계급장이 뭐라고

성인(聖人)과 민중이 바라는 바는 같다.

《좌전》

—

·

어느 날, 조지 워싱턴이 평복 차림으로 말을 탄 채 혼자 시골길을 달리고 있었다. 그러던 도중, 그는 산모퉁이에서 막사를 지을 목재를 나르고 있는 군인들을 보게 되었다. 워싱턴은 잠시 말을 세우고 땀 흘리며 일하는 군인들을 지켜보았다.

"이 못난 녀석들아, 힘을 아끼지 말고 번쩍번쩍 들어서 어깨에 메야지! 이봐, 넌 뭘 그렇게 꾸물대는 거야?"

하사관 계급장을 단 고참이 부하들을 큰소리로 나무라고 있었다. 그는 건장한 체격으로 소리만 고래고래 지를 뿐, 거들어 줄 생각은 조금도 없어 보였다. 워싱턴은 보다 못해 군인들이 일하는 곳으로 다가갔다. 그리고 하사관을 불렀다.

"왜 그러십니까?"

"보기에 하도 딱해서 그러오. 당신은 어째서 부하들이 힘든 일을 하는데 조금도 거들어 주지 않소?"

"그야 보시면 알 것 아닙니까?"

"보면 알다니, 그게 무슨 말이오?"

"저는 상사입니다. 상사가 어떻게 일개 졸병들과 함께 일을 한단 말입니까?"

"당신이 상사라서 일을 할 수 없다면, 대신 내가 거들어 주겠소."

워싱턴은 윗옷을 벗어 던지고 무거운 목재를 군인들과 함께 어깨에 메었다. 군인들은 지나가던 낯선 신사가 일을 거들어 주자 무척 고마워했다. 목재를 다 나를 무렵, 연대장이 도착했다.

"상사, 저 병사들과 같이 일하는 신사는 누군가?"

"예, 이곳을 지나가던 분인데 병사들이 힘들어 보인다며 도와주고 있습니다."

그 말을 듣고 의아하게 여겨 신사를 보던 연대장은 깜짝 놀랐다.

"아니, 사령관님. 이게 어찌 된 일입니까? 사령관님께서 사병들과 같이 일을 하시다니요?"

"괜찮네. 부대 막사를 짓는데 같은 군인인 내가 일을 하는 것이 뭐가 이상한가? 앞으로도 이렇게 힘든 일이 있으면 언제든지 와서 거들겠네."

일을 하던 사병들은 신사의 정체를 알고 모두 놀랐다. 그중에서도 일을 거들지 않았던 상사는 당황하여 몸 둘 바를 몰랐다. 이 일이 있고 난 후, 병사들에게 명령만 하는 지휘관은 부대를 막론하고 모두 사라졌다.

조국의 흙을 품다

국가란 어머니와 같은 것이다.

소크라테스

쇼팽이 음악 공부를 하기 위해 프랑스로 떠날 때, 그의 아버지는 아들에게 음악책과 악기를 건네주며 이렇게 말했다.

"너는 폴란드의 자랑이 되어야 한다!"

그때, 함께 배웅을 나왔던 음악 학교 교장 선생님이 말했다.

"어디로 가든지 폴란드를 잊지 말아다오. 이 한 줌의 흙은 선물로 주는 것이니, 고이 간직하고 어디에 있든지 늘 조국을 생각하기 바라네."

교장 선생님은 조국의 흙을 은잔에 담아 제자에게 건네주었다. 그를 받아 든 쇼팽은 벅차오르는 마음에 은잔을 힘껏 껴안았다. 그때, 교장 선생님이 다시 말을 이었다.

"자네는 폴란드의 자랑이고, 이곳에는 자네의 성공을 기원하는 수많은 동포들이 있다는 것을 잊지 말게. 우리의 마음은 이 흙과 함께 언제나 자네의 곁을 떠나지 않을 걸세."

쇼팽은 은잔에 담긴 흙을 가슴에 품고, 폴란드를 떠나 프랑스로 갔다. 그리고 훌륭한 음악가가 되어 수많은 이들의 마음을 울리는 피아노곡을 남겼다. 하지만 안타깝게도 그는 서른여덟 살의 아까운 나이에 세상을 떠났다. 당시 쇼팽은 유언을 남겼는데, 그 내용은 바로 폴란드에서 가져온 한 줌의 흙을 자기 무덤에 함께 넣어 달라는 것이었다.

• 애국심에 대한 명언 •

내가 죽으면 내 육신은 죽게 할지라도,
내 조국은 죽지 않게 하라.

칭기즈칸

애국심은 나라를 번영케 하는 영원한 조건이다.

토머스 칼라일

가장 현명한 사람은 자신만의 방향을 따른다.

에우리피데스

시내와 연못은 더러운 것을 받아들이고,
산과 숲은 독충을 끌어안는다.

《좌전》

자신의 인생을 완성하기 위해서는
가장 먼저 스스로를 존경하라.

프리드리히 니체

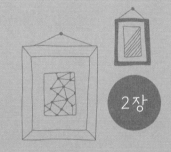

2장

인격을 다지는
한마디

군자와 소인의 차이

욕심이 있으면 참된 강함은 없는 것이다.
사람에게 욕심이 있으면, 반드시 그 욕심에 끌려서
자기의 지조를 잃게 되기 때문이다.

《근사록》

———

군자가 학문을 하면 마음으로 전해지고 몸에 밴다. 그리하여 인격이 높아지고, 그것이 행동으로 나타난다. 그런데 소인은 학문을 하면 곧 입 밖으로 내보내어, 조금도 자기의 마음이나 인격에 도움이 되지 않는다. 이에 대해 순자가 말했다.

"옛날에 글공부를 하던 사람들은 자기의 몸을 닦고 덕을 기르기 위해서 했다. 그런데 지금은 배운 것을 다른 사람들에게 가르쳐주고, 그 값으로 생활하려 한다. 군자는 자신의 수양을 위해서 글을 하고, 소인은 쌀 살 돈을 벌기 위해서 하는 것이다. 그렇기 때문에 소인은 묻지 않는 것까지 가르쳐 준다. 이것은 '수선'이다. 하나를 묻는데 둘을 가르쳐 주는 것은 '수다'이다. 수선스러운 것도 수다스러운 것도 모두 못 쓴다. 군자는 하나를 물어 오면 그것에 해당되는 한 가지만 대답해 줄 뿐이다."

이 이야기는 진정한 자기 수양을 위해 학문을 하지 않고, 출세와 돈을 벌기 위해서 하는 사람들을 비판하는 의미이다.

불합격의 이유

얼굴은 마음의 거울이며,
눈은 말없이 마음의 비밀을 고백한다.

히에로니무스

———

링컨이 유능한 비서를 찾고 있다는 소식을 듣고, 한 측근 인사가 링컨에게 후보자를 추천했다. 그 후보자는 능력이 좋을 뿐 아니라, 여러 면에서 손색이 없는 사람이었다. 그런데 링컨은 그 사람의 인상이 좋지 않다는 이유를 들어 채용을 거부했다. 그를 추천했던 측근 인사는 곧바로 링컨에게 항의했다.

"얼굴은 그 사람의 책임이 아니지 않습니까?"

그러자 링컨은 그의 말을 한마디로 일축했다.

"40세가 지난 사람은 자신의 얼굴에 책임을 져야 합니다."

흔히 얼굴에는 살아온 인생이 보인다고 한다. 단순히 이목구비의 반듯함이 아닌, 무심코 나오는 표정이나 주름의 위치에서 사람의 성품이 드러난다. 링컨은 바로 그를 중요시 여긴 것이다.

마음을 울리는 축사

학은 깊은 언덕에서 울어도
그 소리가 하늘까지 들린다.

《시경》

—

영국의 명문 옥스퍼드 대학교에서 졸업식이 열리는 날이었다. 축하 연설을 맡게 된 처칠이 한껏 위엄 있는 차림새로 식장에 나타났다. 식장 안은 처칠을 보기 위해 몰려든 사람들로 가득했다. 그는 사람들의 열광적인 환호를 받으며 연단에 올랐다. 그러고는 좌중을 한 바퀴 둘러보았다. 사람들은 곧 처칠의 입에서 흘러나올 근사한 축사를 기대하며 숨을 죽이고 있었다. 그리고 마침내, 처칠이 입을 열었다.

"포기하지 마라!"

첫 마디를 뗀 후, 처칠은 묵묵히 청중을 둘러보았다. 사람들은 그의 입에서 다음 말이 떨어지기만을 기다렸다.

"절대로 포기하지 마라!"

처칠은 다시 한번 큰소리로 이렇게 외쳤다. 그러고는 더 이상 아무 말도 하지 않고 연단에서 내려왔다. 그것이 졸업식 축사의 전부였다. 잠시 후, 졸업식장 안에는 엄청난 박수 소리가 울려 퍼졌다.

스승은 어디에나 있다

사람에게는 세 가지 스승이 있다.
첫째는 대자연, 둘째는 인간, 셋째는 모든 사물이다.

루소

———

어느 날, 위나라 대부 공손조가 공자의 제자인 자공에게 물었다.

"공자는 누구에게서 배우셨습니까?

그러자 자공이 대답했다.

"선생님은 어디서도 배우지 않으신 곳이 없습니다. 따라서 어떤 한 명의 스승이라는 건 있을 수 없습니다."

공자가 수양하는 방법은 '세 사람이 같이 가면 그 중에 반드시 내 스승이 있다'는 것이었다. 특히 공자는 슬기로운 사람뿐 아니라 어리석은 사람에게서도 배울 점이 있다고 생각했다. 나아가, 사람뿐 아니라 천지만물 무엇이든지 그에게는 모두 스승이 되었다.

가장 중요한 깨달음

**자기 자신을 존중하는 사람이
남에게도 존경을 받는다.**

알베르트 슈바이처

——

어느 날, 슈바이처의 친구들이 방과 후 새를 잡으러 산에 가자고 제의했다. 사실 슈바이처는 선뜻 내키지는 않았지만, 혹시 따돌림을 당할까 봐 거절하지 못하고 친구들을 따라 나섰다. 무성하고 우거진 나무는 새들의 안식처인지, 사방에서 지저귀는 새소리가 끊이지 않았다. 슈바이처의 친구들은 새를 잡기 위해 돌멩이를 던졌다. 하지만 어린 슈바이처는 새들의 아름다운 지저귐에 마음을 온통 빼앗기고 말았다.

잠시 후, 슈바이처는 갑자기 엉뚱한 행동을 하기 시작했다. 마구 뛰어다니면서 새들을 놀라게 해, 모두 쫓아 버리는 것이었다. 이 행동은 친구들의 화를 돋우었고, 슈바이처는 그 길로 집으로 뛰어갔다. 하지만 그날, 슈바이처는 세상의 모든 생명을 존중하는 것이 다른 사람들의 조소를 두려워하는 것보다 훨씬 중요하다는 사실을 깨달았다. 그리고 자기 자신을 우선순위로 두어야 한다는 사실도 분명히 인식하게 되었다.

불가능하다는 편견

인생에서 실패한 사람 중 다수는
성공을 눈앞에 두고도 모른 채 포기한 이들이다.

토머스 에디슨

———

링컨은 유년 시절의 기억을 이렇게 회고했다.

"어린 시절, 제 아버지는 거의 돌밭이나 다름없는 시애틀의 한 농장을 사들였습니다. 하루는 어머니가 아버지께 돌덩이들을 모두 치워 버리는 게 어떻겠냐고 제안했죠. 그러자 아버지는 '옮길 수 있었으면 전 주인이 벌써 옮겼지 왜 우리에게 팔았겠느냐'며 극구 반대하셨습니다.

그러던 어느 해, 아버지가 말을 사러 먼 길을 떠나 계실 때였습니다. 때마침 우리 형제를 데리고 농장에 일하러 가셨던 어머니는 이참에 돌덩이들을 모두 치워버리자고 하셨습니다. 결국 우리는 하나씩 돌을 나르기 시작했고, 그리 오래 걸리지 않아서 모두 치울 수 있었습니다. 사실 30센티미터만 파내도 쉽게 옮길 수 있는 돌덩이에 불과했던 것이지요. 어떤 일을 할 때, 아예 시작도 해 보지 않고 일찌감치 포기하는 사람들이 있습니다. 하지만 불가능하다는 생각은 인간의 머릿속에서부터 만들어진다는 걸 명심하세요."

인생은 주어진 카드

**인생이란 결코 공평하지 않다.
이 사실에 익숙해져라.**

빌 게이츠

어린 시절의 드와이트 아이젠하워는 형제들과 종종 카드놀이를 했다. 그런데 어느 날, 첫판부터 형편없이 나쁜 패가 들어오자 짜증이 난 아이젠하워는 카드를 바닥에 내던져 버렸다.

"다시 하자!"

"그런 법이 어딨어? 그냥 해!"

그의 동생이 따지고 들었지만, 아이젠하워는 다시 하자며 끝까지 고집을 피웠다. 이때, 아이들이 노는 모습을 지켜보던 어머니가 입을 열었다.

"지금 너희가 하는 카드놀이는 앞으로 살아가야 할 너희의 인생과 똑같단다. 세상을 살다 보면 안 좋은 카드처럼 힘든 시련이 꼭 한 번은 찾아오기 마련이지. 게임에서는 카드를 바꿔 달라고 떼를 쓸 수 있지만, 현실에서 시련을 피해갈 수는 없지 않겠니? 좋은 패든 나쁜 패든 일단 손에 쥐었으면 끝까지 그 카드를 가지고 계속해야 하는 거야."

별 것 아니오

겸손을 갖추면 모든 일에 막힘이 없다.
그러므로 군자는 유종의 미가 있다.

《역경》

진요자는 중국 송나라의 뛰어난 명사수였다. 그는 아무리 먼 거리라도 백발백중 목표물을 꿰뚫는 실력을 가지고 있었다. 어느 날, 진요자는 넓은 곳에서 활을 쏘고 있었다. 그런데, 때마침 근처를 지나던 늙은 기름 장수가 잠시 그 광경을 구경하였다.

"노인장은 활을 쏠 줄 아시오? 내 활솜씨는 신의 경지에 달했소!"

진요자가 거드름을 피우자 기름장수가 무심히 말했다.

"그거야 이미 몸에 배어 손에 익었을 뿐이니 별 것 아니지요."

말을 마친 기름 장수는 호리병을 하나 꺼내 땅바닥에 내려놓았다. 그리고 구멍이 뚫린 엽전을 꺼내 그 병 입구를 덮었다. 그런 다음 오목하게 파인 나무 주걱으로 기름을 떠낸 후, 선 채로 그 엽전 구멍 속으로 따라 부었다. 어찌나 정확한지, 사각으로 된 엽전 구멍에 기름이 한 방울도 묻지 않았다. 진요자가 놀라 입을 다물지 못하자, 기름 장수가 다시 말을 이었다.

"별 것 아니오. 그저 오랜 세월에 익숙해진 것뿐이라오."

화타의 발견

모든 행동에는 적절한 때가 있는 법이다.

발타자르 그라시안

———

중국의 명의로 불리는 화타가 신비한 약초를 찾아다니다가 황달에 걸린 노인을 만났다. 노인의 상태를 자세히 살펴보니, 금방이라도 숨이 넘어갈 듯 위태로운 지경이었다. 하지만 갈 길이 바빴던 화타는 그 노인이 곧 임종을 할 것이라고 판단하고 마을을 떠났다. 여행이 끝난 뒤, 화타가 돌아오는 길에 다시 들러서 보니 노인은 죽기는커녕 오히려 무척 건강해져 있었다. 깜짝 놀란 화타가 어떻게 병을 고쳤는지 묻자, 노인이 대답했다.

"봄에 양식이 떨어져서 산에서 나는 나물을 뜯어 먹었을 뿐이라오."

노인이 말한 그 나물은 인진쑥이었다. 화타는 인진쑥이 황달에 특효가 있다고 믿고, 다른 황달 환자를 만나 시험해 보았다. 그런데, 병이 치료되기는커녕 더 악화된 것이었다. 당황한 화타는 다시 노인이 먹었던 것이 인진쑥이 맞는지 확인했지만, 그에게서는 틀림없다는 대답만 돌아왔다. 시간이 지나고, 화타는 약초의 채취 시기가 문제였음을 깨달았다. 이듬해 노인이 뜯어 먹었던 시기인 음력 곡우 전후의 인진쑥을 환자에게 먹이니 곧 효과가 나타난 것이다. 그러나 음력 4월 이후에 채취한 쑥은 약효가 전혀 없었다. 이에 화타는 이런 문장을 남기게 된다.

"생기 넘치는 3월의 쑥은 병을 고치는 귀한 약이지만, 4월 이후의 쑥은 불쏘시개로나 쓰는 무용지물이다."

같은 질문, 다른 대답

이 세상에 인간의 마음처럼 결점이 많은 것은 없다.

윌리엄 셰익스피어

——

공자가 하급 관리로 일하고 있는 조카 공멸에게 물었다.

"네가 일을 하면서 얻은 것은 무엇이며, 잃은 것은 무엇이냐?"

"얻은 것은 하나도 없고, 세 가지를 잃었습니다. 첫째는 일이 많아 공부를 못한 것이고, 둘째는 보수가 적어 친척들에게 대접을 못한 것이며, 셋째는 공무가 많아 친구와 사이가 멀어진 것입니다."

얼마 후, 공자는 공멸과 같은 벼슬자리에 있는 제자인 자천에게 똑같은 질문을 했다. 그러자 자천이 대답했다.

"저는 잃은 것은 하나도 없고, 세 가지를 얻었습니다. 첫째는 배운 것을 실행하게 되어 배운 내용이 더욱 확실해진 것이고, 둘째는 보수를 아껴 친척을 대접하니 더욱 친숙해진 것이고, 셋째는 공무의 여가에 친구들과 교제하니 우정이 더욱 두터워진 것입니다."

" 용기란 죽을만큼 두려워도
일단 한번 해보는 것이다. "

존 웨인

감동을 주는 사람

당신이 누군가를 신뢰하면, 그들도 당신을 진심으로
대할 것이다. 당신이 누군가를 훌륭한 사람으로 대하면,
그들도 당신에게 훌륭한 모습을 보여줄 것이다.

랄프 왈도 에머슨

백악관의 시종이었던 제임스 부인은 어느 날 우연히 루스벨트 대
통령과 가벼운 이야기를 나눌 수 있는 기회를 얻었다. 대화 도중, 그
녀는 사실 메추라기를 한 번도 본 적이 없다는 이야기를 했다. 그러
자 루스벨트는 그녀에게 메추라기에 대해 아주 자세하게 설명해 주
었다. 그로부터 며칠 뒤, 깊은 밤에 시종 제임스의 집으로 전화가 걸
려 왔다. 대통령의 전화였다. 루스벨트는 긴급한 지시 사항을 전할
때가 아니면 그 시각에 전화를 거는 일이 없었다. 시종은 매우 긴장
하며 수화기를 들었다. 그런데, 대통령의 입에서 나온 건 뜻밖의 말
이었다.

"아, 제임스 자넨가? 지금 백악관 후원에 메추라기가 앉아 있으니
얼른 부인과 함께 나가 보게. 글쎄, 자네 부인이 메추라기를 한 번도
본 적이 없다고 하지 않는가!"

시간이 흐른 후, 루스벨트가 대통령직에서 물러난 지 꽤 오래되었
을 때였다. 어느 날, 루스벨트는 민간인의 자격으로 백악관을 방문
하게 되었다. 그리고 백악관 뜰을 거닐며 정원사나 청소부와 마주칠

때마다, 그는 함께 지냈던 이들의 이름을 부르며 반가워했다.

"어이, 애니! 잘 있었나, 제임스?"

특히 주방에서 일하던 앨리스를 만나자, 루스벨트는 매우 반가워하며 그녀에게 물었다.

"앨리스, 아직도 옥수수빵을 만드는가?"

앨리스는 요즘 윗분들은 옥수수빵을 먹지 않아서, 이제는 하인들의 몫만 만든다고 대답했다.

"저런! 그 사람들은 진짜 맛을 모르는군. 내가 태프트 대통령을 만나면 말해 주지. 말이 나온 김에, 자네가 만든 옥수수빵을 지금 하나 맛봐도 되겠나?"

앨리스가 빵을 내왔고, 루스벨트는 천천히 맛을 음미하며 말했다.

"앨리스, 자네는 세상에서 빵을 가장 맛있게 만드는 사람일세!"

앨리스는 감동의 눈물을 흘리며 루스벨트를 바라보았다.

니체를 이끈 책

독서로 시간을 보내라.
남이 고생한 것을 통해 쉽게 자기 자신을 개선할 수 있다.

소크라테스

———

    오늘날 유명한 철학자인 니체가 라이프치히 대학교에서 언어학을 연구하던 시기였다. 어느 날, 니체는 책방에서 고른 한 권의 책을 시간 가는 줄 모르고 읽었는데, 그 책을 발견했을 때의 심정을 니체는 이렇게 말했다.

    "어느 정체 모를 유령이 내게 그 책을 가지고 빨리 돌아가라고 속삭이는 것 같았다. 나는 집에 도착하자마자 나의 보물을 열어 보았다. 그리고 그 힘차고 숭고한 천재의 마력에 복종할 수밖에 없었다."

    그 책은 바로 쇼펜하우어의 《의지와 표상으로서의 세계》였다. 니체는 잠자는 것과 먹는 것도 잊은 채, 무려 2주 동안이나 책에 몰두했다. 그리고 그 책을 스승으로 삼아, 여태 매달렸던 언어학을 포기하고 철학이라는 새로운 학문의 길로 나섰다.

질서가 사람을 만든다

인간은 인생의 방향을 결정할 규칙을
가지고 있어야 한다.

존 웨인

독일의 철학자 칸트는 좋아하던 담배도 '매일 도자기 파이프에 한 번'이라고 정한 다음, 평생 그 규칙을 깨뜨리지 않았다. 횟수를 한 번으로 정한 이유는, 그 이상 피우게 되면 언제쯤 멈추는 게 좋을지 이성적인 판단을 내리기 어렵다고 생각해서였다.

이처럼 사소한 흡연 습관조차 규율을 중시했던 칸트는, 복장에 있어서도 규칙과 질서를 강조했다. 어느 날 칸트는 대학에서 공개 강연회를 하고 있었는데, 맨 앞에 앉은 청강자의 상의 단추 하나가 열린 것이 눈에 띄었다. 결국 이 단추가 계속 신경을 긁는 바람에, 칸트는 허둥지둥 강의를 중단해 버렸다. 강박적일 정도로 규칙을 중요시하던 칸트의 생각은 바로 '인간은 자신이 속한 사회를 존중해야 하며, 자신을 위해서도 타인의 호감을 살 수 있도록 복장을 갖춰야 한다'는 것이었다.

아버지의 꾸짖음

성공과 마찬가지로 실패 또한 가치 있고 필요한 것이다.
나는 실패한 이유를 안 다음에야
성공할 수 있는 방법을 알게 됐다.

토머스 에디슨

———

백락은 진나라의 유명한 상마相馬 전문가였다. 그의 아들은 아버지의 능력을 이어받기 위해, 백락이 쓴 《상마경》을 펼쳐 들고 책에 그려진 말의 그림과 실제 말의 생김새를 일일이 대조해 보았다. 백락의 아들은 이렇게 하여 그림과 같은 말을 찾아내었다. 그러나 그가 찾아낸 말은 하루에 천 리씩 달리는 준마가 아니라, 성미가 사나워서 사람이 탈 수 없는 나쁜 말이었다. 이 일을 안 백락은 아들을 보며 "그림과 똑같은 말을 찾다니… 그런 미련한 방법으로 어찌 진정으로 좋은 말을 찾을 수 있겠느냐?"라며 나무랐다.

" 스스로 확신한다면
남의 확신을 구하지 않는다. "

에드거 앨런 포

연필이 바꾼 운명

삶이 있는 한 희망은 있다.

키케로

———

대공황으로 인해 암울한 상황이 지속되던 어느 날이었다. 절망에 빠진 카네기는 마침내 강물에 투신하기로 결심하고 집을 나섰다. 강가로 가기 위해 건물의 모퉁이를 돌고 있을 때였다. 다리가 없는 한 남자가 스케이트보드 위에 앉아 있었다. 카네기가 무심코 지나치려 하자, 그 남자는 큰 소리로 카네기를 불렀다. 그리고 활짝 웃으며 말했다.

"선생님, 연필이 필요하지 않으십니까?"

그 남자가 구걸을 하는 것이라 생각한 카네기는, 주머니를 뒤져 1달러를 건네준 다음 다시 걸어갔다. 그러자 그는 스케이트보드를 굴려 카네기를 따라오며 소리쳤다.

"잠깐만요! 연필을 안 받으셨는데요!"

죽을 각오를 하고 걷는 카네기의 귀에 그의 목소리가 들어올 리 없었다. 하지만 그 남자는 끝까지 카네기를 따라오며 연필을 받으라고 재촉했다. 결국 카네기는 손을 내저으며 말했다.

"저는 연필이 필요 없습니다."

"그럼 돈을 돌려 받으셔야죠."

카네기는 돈도 필요 없으니 그냥 가지라고 말했다. 하지만 그 남자는 카네기가 강가에 이를 때까지 계속 연필과 돈 중 하나는 꼭 받아야 한다며 따라왔다. 재촉을 견디다 못한 카네기는 마침내 남자가 건네는 연필 한 자루를 받았다. 그런데 그 순간, 카네기는 죽고 싶다는 생각이 사라진 것을 깨달았다. 이유는 바로 줄곧 강가까지 울상을 짓고 걷던 자신을 따라온 남자 때문이었다. 그는 가난하고 힘들게 살고 있을 것이 분명한데도, 자신을 따라오는 내내 밝은 표정으로 웃고 있었던 것이다.

• 희망에 대한 명언 •

웃음은 강장제이고, 안정제이며, 진통제이다.
찰리 채플린

낙관주의는 성공으로 이끄는 믿음이다.
희망과 자신감이 없으면 아무것도 이루어질 수 없다.
헬렌 켈러

의사 삼 형제

이 세상에서 성공하는 비결이 있다면,
그것은 타인의 관점을 잘 포착하여
자신의 입장에서 볼 줄 아는 재능이다.

헨리 포드

———

중국의 전설적인 명의인 편작에게는 두 명의 형이 있었는데, 그들 역시 모두 의사였다. 그런데 삼 형제 중 유독 편작만 명의로 이름을 떨친 것이다. 그 이유가 궁금했던 왕은 편작을 불러 조용히 물어보았다.

"그대 삼 형제 가운데 누구의 의술이 가장 뛰어난가?"

"큰형님의 의술이 가장 훌륭하고, 제 의술이 가장 비천합니다."

편작의 태도로 보아, 예의상 자신의 형을 높인 것이 아니었다. 당연히 명의로 소문난 자신의 의술이 가장 뛰어나다고 대답할 것이라 생각했던 임금은 그 이유가 궁금하여 다시 물었다.

"그런데 어째서 그대의 이름이 더 많이 알려져 있는가?"

"사람들은 병이 깊은 환자에게 약을 먹이고 살을 도려내는 수술을 하는 저의 행동을 보고, 제가 자신의 병을 고쳐 주었다고 믿게 되었습니다. 그것이 제가 명의로 소문난 이유입니다."

편작의 대답을 들은 임금이 다시 한번 물었다.

"그렇다면 그대의 형들은 왜 명의로 소문이 나지 않은 것인가?"

"둘째 형은 환자의 병세가 미미한 상태에서 병을 알고 치료합니다. 이런 경우, 환자는 의사가 자신의 목숨을 살렸다고 생각하지 않습니다. 그리고 큰형님은 상대방의 얼굴빛만 보고 장차 병이 있을 것을 짐작한 다음, 그 원인을 미리 없애주지요. 즉 아파 보지도 않은 상태에서 치료를 받기 때문에 그들은 의사가 자신의 병을 없애 주었다는 사실을 알지 못하는 것일 뿐입니다."

천재 과학자의 아내

사랑의 첫 번째 의무는
상대방에게 귀 기울이는 것이다.

폴 틸리히

———

아인슈타인의 명성이 높아지자, 그의 집에는 날마다 사람들이 찾아왔다. 하지만 아내인 엘자는 방문객들을 철저히 차단하여, 남편이 연구에만 집중할 수 있도록 도왔다. 엘자는 남편의 서재를 진한 풀빛으로 칠해 집중력을 높여 주었고, 안방은 연한 노란빛으로 꾸며서 안정감을 갖도록 해 주었다. 또 음악을 좋아하는 엘자는 종종 남편을 위해 바이올린과 피아노를 연주하기도 했다. 엘자는 아인슈타인을 위해 때로는 어머니, 때로는 비서, 때로는 보호자가 되어 주었다.

평소 위장이 약했던 아인슈타인 때문에 엘자는 언제나 직접 건강한 음식을 만들었다. 또한 그녀는 남편의 책상 위에 놓인 것은 아무리 보잘것없는 종이일지라도 절대 손대지 않았다. 엘자는 이 천재 과학자의 특성을 누구보다도 잘 알고 있었다. 그는 매일 헐렁한 바지에 낡은 스웨터를 걸쳤고, 글을 쓸 때는 항상 애용하는 타자기가 있었다. 작은 서재에는 테이블과 의자 하나, 그리고 산더미 같은 책뿐이었다.

아인슈타인은 학문적 지식은 풍부했지만, 세상 물정에는 그 누구보다 어두웠다. 외출하는 그의 호주머니에 엘자가 용돈을 넣어주면, 그 돈은 하루 종일 그대로 들어 있었다. 심지어 아인슈타인은 목욕용 비누와 면도용 비누를 구별해서 사용하는 것도 모를 정도였다. 엘자는 그런 남편을 따뜻하게 감싸주는 아내이자, 훌륭한 인생의 동반자였다.

"나는 육체를 위해서든 정신을 위해서든, 간소하고 허세가 없는 생활이 최상이라고 생각한다."

아인슈타인이 강조했던 지론을 생활 속에서 실천할 수 있었던 것도 엘자의 넘치는 사랑 덕분이었다.

• 사랑에 대한 명언 •

겁쟁이는 사랑을 드러낼 능력이 없다.
사랑은 용기 있는 자의 특권이다.

마하트마 간디

누군가를 사랑한다는 것은
자신을 그와 동일시하는 것이다.

아리스토텔레스

칭찬의 비밀

다른 사람을 아는 것은 지혜로운 것이고,
스스로를 아는 것은 현명한 것이다.

노자

———

    제나라 재상 등기는 옷을 단정히 차려입은 다음, 그 모습을 거울 앞에서 세심히 비추어 보며 부인에게 물었다.

"나와 서공 중에 누가 더 잘생겼소?"

"아무려면 서공을 어찌 당신과 비교할 수 있겠어요?"

    등기는 첩에게 똑같은 질문을 하였으나, 역시 아내와 같은 대답이었다. 이튿날, 한 손님이 찾아왔다. 등기는 그 손님과 이야기를 하다가, 어제의 일이 생각나서 넌지시 손님에게 물었다.

"저와 서공 중에 누가 더 잘생겼습니까?"

"그야 서공이 당신보다 훨씬 못하지요."

    저녁이 되자, 등기는 누워서 곰곰이 생각했다. 사실 미남으로 소문난 서공과 비교하자니, 스스로가 훨씬 못하다는 느낌이 드는 것이다. 그런데도 어찌하여 아내와 첩, 그리고 손님까지 자기를 서공보다 잘생겼다고 말하는 것인지 의문이었다. 깊이 생각한 등기는 이렇게 결론을 내렸다.

    '아내가 나를 서공보다 잘생겼다고 하는 것은 나를 편애하기 때문이고, 첩은 나를 두려워하기 때문이며, 손님은 나에게 부탁할 일이 있기 때문이다. 이로 짐작해 보건대, 주위 사람들이 나를 칭찬하는 것은 나를 미혹시키기 위한 것이다!'

진정한 통치자

지극히 올바른 것은 물과 같다.
물은 만물을 이롭게 하고 다툼이 없다.

노자
———

 스웨덴 수상 팔메는 항상 '나는 국민의 일원이다'라고 되뇌는 습관이 있었다. 미국에서 열리는 중대한 국제회의 일정이 있었을 때, 그는 홀로 택시를 타고 비행장에 도착하기도 했다. 또한 팔메는 집에서부터 수상 청사까지 항상 부지런히 걸어서 출근하였다. 걸어가는 15분 동안에는 길을 지나는 사람들과 종종 가벼운 대화를 나누기도 했다. 그는 항상 평범한 차림으로 학교, 상점, 공장 등에 다니는 것을 즐겼고, 여러 사람의 의견을 듣는 것을 좋아했다.

 그가 재임 기간에 받은 편지는 무려 1만 5천 통에 달하였는데, 그중 3분의 1은 외국에서 온 것들이었다. 이에 팔메는 네 명의 직원을 고용하여 일일이 편지를 읽게 하고, 만약 문제가 있다면 제때 처리할 수 있도록 하였다. 스웨덴 국민들에게 있어서 팔메는 국가 수상이었고 지도자였지만, 한 명의 형제였고 친구였으며 위대한 우상이기도 했다.

굽히지 않는 절개

자신을 굽히는 사람은
남을 바로잡아 줄 수 없다.

맹자

───

맹자는 자신의 사상을 펼치고 실행에 옮기기 위해 제후들을 찾아 다니며 유세를 펼쳤다. 하지만 제후의 초빙을 받았음에도 가지 않은 경우도 많았다. 한번은 그의 제자가 이렇게 말했다.

"스승님, 제후를 만나지 않는 것은 사소한 고집 같습니다. 지금 만나시면 선생님의 사상을 펼칠 수도 있습니다. 옛글에 한 자를 굽혀 한 길, 즉 열 자를 편다고 하였으니 해 볼 만하다고 생각됩니다."

"한 자를 굽혀서 열 자를 편다는 것은 사욕을 좇아서 말한 것이다. 그렇게 따진다면, 열 자를 굽혀서 한 자를 편다고 해도 이롭기만 하다면 되는 것이냐?"

이렇게 맹자는 사리사욕 때문에 절개를 버려서는 안 된다는 사실을 강조하였다.

낮은 곳에서 세상을 보다

사사로운 나를 미약하게 하여,
무언가를 바라는 욕망을 줄어들게 해야 한다.

노자
———

　중국 북경 대학교 신입생들의 첫 등교 날, 지방에서 올라온 학생이 한 노인을 만났다. 그 학생은 노인이 잡일을 하는 사람일 것이라 생각하고, 짐을 잠깐 맡기고는 일을 보러 갔다. 그리고 한참 지난 뒤 돌아와 보니, 노인은 여전히 그 자리에서 짐을 지키고 있는 것이었다. 그 후, 학생은 자신의 짐을 맡아 주었던 노인이 이 대학교의 총장임을 알게 되었다.

　계흠림 총장은 늘 서민들이 즐겨 입는 카키색의 수수한 옷차림이었고, 몇 년 전에는 마치 농민처럼 교정 연못에 연꽃 씨를 뿌리기까지 하였다. 그리하여 연못에 연꽃이 피어나자, 사람들은 그 연꽃을 '계하'라고 불렀다. 또한 계흠림 총장의 집은 매우 검소했고, 그의 방 또한 단조로운 옛날식 가구로 꾸며져 있었다. 그의 제자들은 계흠림 총장이 농촌에서 태어났으며, 그의 몸에는 농민의 피가 흐른다고 말하였다. 그는 일찍이 해외에서 유학하고 귀국하여 북경 대학교의 총장이 되었지만, 줄곧 농민과 농촌에 대한 애틋한 감정을 지니고 있었던 것이다.

손해 배상금

정치는 마음으로만 잘하고 싶어 한다고 해서
되는 것이 아니다. 통치의 근본은 먼저
자신의 인격과 덕망을 갈고닦는 것에 있다.

《여씨춘추》
——

미국의 루스벨트 대통령은 한 주간지를 보다가 깜짝 놀랄 만한 것을 발견했다. 그것은 바로 자신이 형편없는 술주정뱅이라는 내용의 기사였다. 기분이 언짢아진 루스벨트는 비서관을 불러 이 상황을 어떻게 처리해야 할지 물었다. 비서관은 당장 잡지사 사장과 기자를 불러 따끔하게 혼내주자고 했지만, 그 대처는 권력 남용이라고 여겼던 루스벨트는 잠시 생각에 잠겼다.

"정식으로 고소를 하세. 그리고 명예 훼손으로 손해 배상을 청구해야겠네."

"예?"

비서관은 꼭 그렇게까지 할 필요가 있을까 하고 생각했지만, 일단은 대통령의 지시를 따랐다. 그로부터 얼마 후, 재판이 열리고 많은 방청객들이 법정을 가득 메웠다. 대통령에 대한 예민한 사안인 만큼 판사는 신중하게 한 명씩 신문하고 이를 종합하여 논의했다. 그리고 드디어 최종 판결이 내려졌다.

"귀 잡지사의 기사는 허위로 판명되었으며, 개인의 명예를 훼손한 것이 인정되는 바입니다. 이에 귀사는 대통령에게 손해 배상금을 지불하십시오."

판결이 내려지자 사람들은 당연한 결과라고 말하면서, 이제 그 잡지사는 문을 닫게 생겼다고 수군댔다. 그리고 대통령을 상대로 한 재판에서 졌으니 배상금이 엄청날 것이라 판단했다. 그런데 그때, 판사의 말이 이어졌다.

"루스벨트 대통령이 요구한 손해 배상금은 1달러입니다. 이만 재판을 마칩니다."

"1달러?"

자신의 귀를 의심한 비서관이 대통령에게 물었다.

"각하, 명예 훼손의 대가가 고작 1달러란 말입니까?"

대통령이 흐뭇한 미소를 지어 보이며 말했다.

"내겐 손해 배상금이 의미가 없네. 중요한 것은 진실이야. 그리고 그 진실을 판단할 수 있는 것은 권력이 아니라 사법부의 재판이지. 이제 진실이 밝혀졌으니, 나는 그것으로 만족하네."

뜻으로써 해내다

힘은 육체적인 역량에서 나오지 않는다.
그것은 불굴의 의지에서 나온다.

마하트마 간디

———

한나라의 장군 경엄이 광무제에게 말했다.

"저의 부친인 경황이 지금 상곡에 주둔하고 있는데, 막강한 병력을 지니고 있습니다. 그러니 아버지의 군대와 연합한 다음에 팽총, 장풍, 장보를 모조리 제압하겠습니다."

광무제의 허락을 받은 경엄은 연거푸 승리를 거두고, 한번에 장풍의 근거지를 소탕하여 그를 제거했다. 또한 팽총은 본래 장풍과 결탁하여 나쁜 짓을 일삼던 인물이었다. 그런데 장풍이 죽고 경엄이 압박해 오자, 다급해진 팽총은 성을 버리고 도망치려 했다. 하지만 결국 자신의 노비에게 붙잡혀 최후를 맞이하고 말았다.

경엄이 승세를 타고 장보의 근거지를 압박하자, 장보는 20만 대군을 투입시켰다. 전투는 시작부터 매우 치열했다. 경엄은 앞장서서 상대를 무찌르던 도중, 날아온 화살에 허벅지를 맞았다. 하지만 군사들의 사기가 떨어질까 우려한 그는, 화살대를 잘라 내고 이를 악문 채 계속 싸워나갔다. 날이 저물어 양쪽이 군사를 모두 거뒀을 때, 장수들은 비로소 경엄의 부상을 알게 되었다. 이 무렵 광무제는 산동에서 경엄을 도울 준비를 하고 있었다. 이 소식을 접한 경엄은 장수들에게 이렇게 말했다.

"황제께서 곧 오실 것이다. 우리는 기필코 승리한 다음 황제를 맞이해야 한다. 어찌 위험한 전쟁터에 황제를 모실 수 있겠는가?"

경엄의 말에 장수들은 크게 고무되었다. 이튿날, 전투는 새벽부터 저녁까지 치열하게 벌어졌고, 결국 장보는 참담한 패배를 맛보고 달아났다. 승리를 축하하는 연회에서 광무제는 감격스러운 목소리로 경엄에게 말했다.

"장군은 백전노장이오! 가는 곳마다 대적할 수 있는 자가 없소. 왕년의 한신도 감탄을 금치 못할 것이오. 돌이켜 보면, 앞서 장군이 내게 반역자들을 쓸어 내자고 건의했을 때, 사실은 염려스러웠다네. 하지만 장군은 끝내 그 목표를 달성했지! 그야말로 뜻이 있는 사람은 결국 해낸다는 말이 맞는 것 같소."

유좌지기 (宥坐之器)

철학을 행하는 자가 첫째로 할 일은 무엇인가?
바로 자만심을 버리는 것이다. 이미 알고 있다고
생각하는 것을 배우는 건 누구든 불가능하기 때문이다.

에픽테토스

———

그날 공자가 제자들과 함께 환공의 묘에 방문했다. 공자는 제단에 놓인 의기를 자세히 보고 난 다음에 말했다.

"듣자 하니 이 그릇은 속이 비면 기울고, 물이 반쯤 찼을 때는 똑바로 서고, 물이 가득 찼을 때는 또 기울어진다던데…."

그리고 나서 공자는 제자를 시켜 물을 떠오게 한 다음, 그릇에 부어 보도록 하였다. 과연 의기는 물이 절반쯤 차자 똑바로 섰고, 물이 가득 차자 다시 기울어졌다. 공자는 그를 보고 느끼는 바가 많았다.

"그렇지. 가득 차서 기울어지지 않는 것이 어디 있으랴!"

그 말을 듣고 제자인 자로가 물었다.

"가득 차도 기울지 않게 하는 방법은 없겠습니까?"

공자는 자로를 쳐다보고 나서 이렇게 말했다.

"총명한 사람은 어리석음으로 총명을 지키고, 공로가 많은 사람은 겸손으로 공로를 지키며, 용맹이 뛰어난 사람은 침착함으로 그의 재간을 지키느니라. 이것이 바로 사양하는 방법으로 자만을 극복하는 것이다."

"사람은 자기의 약점에 대해 비관하는 것보다
장점을 키우려고 힘쓸 필요가 있다.
땅속에 무한한 금광이 들어 있는 것처럼,
사람의 내면에도 캐면 캘수록 빛나는 재능이 숨겨져 있다.
노력하는 사람만이 이런 재능을 빛낼 수 있는 것이다"

프랭클린 루스벨트

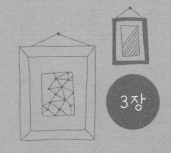

3장

영감을 주는
한마디

엉뚱한 소년

상상력은 창조의 시발점이다. 당신은 원하는 것을 상상하고,
상상하는 것을 행동에 옮길 것이며,
마지막에는 행동에 옮길 것을 창조하는 단계에 이른다.

조지 버나드 쇼

———

어린 시절 카네기는 어머니를 따라 과일 가게에 갔다. 그런데 진
열대 위에 놓인 새빨간 앵두가 카네기의 가슴을 설레게 했다. 앵두
만 뚫어져라 바라보는 소년을 발견한 가게 주인이 한 줌 집어서 먹
어 볼 것을 권했다. 어린 카네기는 고개를 설레설레 흔들었다. 그러
자 가게 주인이 물었다.

"앵두가 싫으냐?"

"아뇨, 아주 좋아해요."

"그럼 사양 말고 먹고 싶은 대로 집으렴."

그러나 카네기는 주인의 얼굴만 빤히 쳐다볼 뿐, 행동으로 옮기지
않았다. 그러자 주인이 감동하며 속으로 생각했다.

'이 아이는 수줍음을 타는구나. 그리고 남의 물건에는 절대로 손
을 대지 않는 정직한 아이인가 보군.'

주인은 또 한 번의 재촉에도 가만히 있는 카네기에게 앵두 한 움
큼을 집어 모자에 담아 주었다. 잠시 후 가게를 나섰을 때, 어머니가
카네기에게 물었다.

"왜 아저씨가 한 줌 가져가라고 할 때는 집지 않았니? 그때 집었
으면 아저씨의 수고를 덜어드릴 수 있었잖아."

그러자 카네기가 말했다.

"아저씨 손이 내 손보다 훨씬 크잖아요."

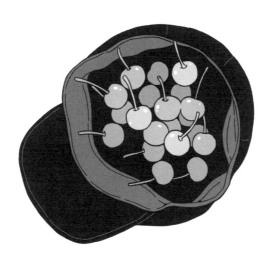

포드의 건강 비결

겉모습만으로 사람을 평가하는 것만큼
어리석은 일은 없다.

미겔 데 세르반테스

———

자동차의 왕 포드는 평소 몸이 마르고 허약해 보였다. 사람들은 그가 돈 버는 데만 정신이 팔려 자기 몸 하나 돌보지 못한다고 수군거렸다. 그러나 포드는 그런 평판에도 아랑곳하지 않고 자기 일에만 몰두했다. 그러던 어느 날, 한 기자가 그를 찾았다.

"실례지만 무척 허약해 보이시는데, 그 몸으로도 건강을 유지할 수 있는 비결이 있습니까?"

이에 포드는 자신 있게 대답했다.

"적당한 운동, 허기를 면할 정도의 음식, 신선한 공기와 햇빛, 이것이 내 건강의 비결이오. 몸이 마른 것과 건강은 별개의 문제요. 아마도 수시로 병원 신세를 지는 사람은 보나마나 당신들 같은 사람일 거요."

그리고 기자는 포드의 집 벽난로 옆에 이런 글이 적혀 있는 것을 발견했다.

"스스로 장작을 패라. 그러면 두 번 따뜻해진다."

사과에서 얻은 힌트

모든 진리는 일단 발견하면 이해하기 쉽다.
중요한 것은 진리의 발견이다.

갈릴레오 갈릴레이
———

　뉴턴이 대학에 입학했을 때, 마침 유럽 전역에 페스트가 번지기 시작했다. 이로 말미암아 학교가 폐쇄되자, 뉴턴은 고향인 울스소프로 돌아가 그곳에서 일 년 반 가까이 지냈다. 어느 날 오후, 뉴턴은 사과나무 아래에서 생각에 몰두하다가 깜박 잠이 들었다. 그때 사과 하나가 떨어져 그의 어깨를 툭 쳤다. 잠에서 깨어난 그는 땅에 떨어져 있는 빨간 사과를 발견한 뒤 생각했다.

　'저 사과는 왜 하늘로 치솟지 않고 땅으로 떨어졌을까?'

　문득 어떤 깨달음이 번개 같이 머릿속을 스치고 지나갔다.

　"그렇지! 여기에는 뭔가 신비한 사실이 숨어 있는 거야. 지구가 태양 주위를 돌고, 달이 지구 주위를 도는 데에는 어떤 법칙이 분명히 존재할 거야. 알 듯 말 듯한데… 과연 그게 뭘까?"

　뉴턴은 떠오른 궁금증을 해결하기 위해 연구를 시작했다. 그의 깨달음과 노력으로 신비한 문제들이 하나씩 풀리기 시작했고, 17년이 지난 뒤에는 드디어 만유인력의 법칙이 발견되었다.

위기를 극복하는 꾀

상상력은 현실과의 전쟁에서 쓸 수 있는 무기다.

쥘 드 고티에

공자는 여행 도중, 진나라 사람들에게 붙들려 봉변을 당하게 되었다. 무척이나 험상궂은 그들은 공자에게 구슬 한 개를 건넸다. 그리고 그 구멍에 실을 꿰지 못하면 국경을 넘지 못하게 하겠다고 위협했다. 하지만 그 구슬은 아홉 가지의 구불구불한 구멍이 뚫려 있어 실을 꿰는 것이 불가능했다. 공자는 어떻게 하면 이 난처한 상황을 헤쳐 나갈 수 있을까 고민에 고민을 거듭하며 어느 뽕나무 밭둑을 거닐었다. 그런데 그때, 한 젊은 여인이 나타나 슬쩍 정보를 흘리듯 속삭였다.

"꿀을 생각해 보세요. 꿀을…."

순간 공자의 머릿속에 어떤 생각이 번개처럼 스쳐갔다. 잠시 후, 공자는 개미의 허리에 실을 매어 구슬 속으로 기어 들어가게 하고, 그 반대쪽에 꿀을 발랐다. 그러자 꿀 냄새에 이끌린 개미가 너무도 쉽게 구슬에 실을 꿰어 주었다. 그 덕분에 공자는 무사히 국경을 넘을 수 있었다.

기발한 초상화

좋은 기회를 만나지 못한 사람은 아무도 없다.
다만 그것을 포착하지 못했을 뿐이다.

앤드루 카네기

———

    그리스에 유명한 애꾸눈의 장군이 있었다. 죽기 전에 자신의 초상화를 남기고 싶었던 그는 이름난 화가들을 불러모아 그림을 부탁했다. 그러나 막상 화가들이 그린 초상화를 보자, 장군은 못마땅한 생각이 들었다. 어떤 화가는 애꾸눈을 그대로 그렸고, 또 어떤 화가는 장군의 마음을 헤아린답시고 양쪽 눈을 모두 성하게 그린 것이다. 장군은 애꾸눈의 초상화도 못마땅했지만, 그렇다고 성한 눈의 초상화는 사실과 다르기 때문에 더더욱 화가 났다.

    그러던 어느 날, 나이도 어리고 이름도 없는 한 화가가 장군의 초상화를 그려 보겠노라 나타났다. 장군은 미심쩍었지만 초상화를 남기고 싶은 마음에 그의 제안을 허락했다. 그리고 무명 화가가 완성한 초상화를 본 장군은 매우 만족스러워하였다. 왜냐하면, 그 화가는 장군의 성한 눈만 보이는 옆모습을 그렸던 것이다.

뜻밖의 결론

최고의 아이디어는 공동의 자산이다.

세네카

아이젠하워가 컬럼비아 대학교의 총장으로 있었을 때의 일이다. 하루는 그가 결재 서류를 훑어보고 있는데, 그 서류는 학생들을 무더기로 징계할 수 있도록 허락해 달라는 보고서였다. 보고서에는 학생들이 출입 금지 구역인 잔디밭에 들어가 잔디를 망가뜨렸다는 내용이 적혀 있었다. 아이젠하워는 잠시 결재를 미룬 다음, 직접 현장을 나가보았다. 그 장소에는 잔디밭 출입을 금한다는 표지판이 떡하니 세워져 있었다. 그런데도 학생들은 표지판은 아랑곳하지 않고 잔디밭에 앉아 여유를 즐기고 있는 것이었다.

"학생들은 총장님이 보고 계신데도 저 모양입니다. 마땅히 징계를 내려 버르장머리를 고쳐 놓아야 합니다."

실무자가 말했지만 총장은 고개를 가로저었다.

"아닐세, 어서 저 표지판을 치워 버리게."

"예?"

"차라리 표지판을 치워서 학생들이 편안하게 쉴 수 있게 해 주란 말일세. 학교가 학생들 대신 잔디나 보살펴서야 쓰겠는가?"

러스킨의 길

교육의 위대한 목표는 앎이 아니라 행동이다.

스펜서

──

옥스퍼드 대학교의 교수인 러스킨이 강단에 올라 말했다.

"여러분은 왜 경제학을 배우는 겁니까?"

갑작스러운 그의 질문에 학생들은 영문을 모르고 웅성거렸다. 그런데 한 학생이 일어나, 러스킨에게 배운 대로 대답했다.

"경제는 자신과 다른 사람의 이익을 좇는 것이라고 배웠습니다."

그러자 러스킨은 미소를 띠며 다시 물었다.

"오늘 학교에 오는 동안 길이 좋지 않아서, 제가 무척 애를 먹었습니다. 그렇다면 여러분은 어떻게 해야 한다고 생각합니까?"

"그야 당연히 길을 고쳐야 합니다."

학생들이 이렇게 말하자 러스킨은 당장 나가서 함께 길을 고치자고 말했다. 학생들은 위엄 있는 교수의 말에 아무런 대답도 하지 못하고 밖으로 나가 길을 고쳤다. 이 일이 있은 뒤, 옥스퍼드 대학교에서는 학문은 반드시 실천해야 한다는 러스킨 교수의 가르침을 받들어 그 길을 '러스킨의 길'이라고 이름 붙였다.

숫자를 기억하는 방법

약간의 광기도 없는 위대한 천재란 있을 수 없다.

아리스토텔레스

평소 아인슈타인과 잘 아는 사이의 한 부인이 있었다. 그녀는 아인슈타인에게 혹시 여유가 생기면 자기에게 전화를 걸어달라고 하며 이를 당부하였다.

"내 전화번호는 기억하기 어려울텐데… 어디에 적어두는 것이 좋겠어요."

"괜찮으니 어서 말씀해 보시지요."

"24361."

"뭘, 그리 기억하기 어려운 것도 아니었네요!"

아인슈타인은 이렇게 말하고 독특한 한마디를 덧붙였다.

"2타에 19의 제곱이라… 다 기억했습니다."

원래 12가 1타이기에 24는 2타였고, 361은 또 묘하게도 19의 제곱이었던 것이다. 부인은 아인슈타인의 독특한 기억법에 할 말을 잃고 말았다.

목숨을 건 도전

승리는 가장 끈기있는 자에게 돌아간다.

나폴레옹

———

1861년 9월 3일, 노벨이 폭발 실험을 하던 도중 뜻밖의 폭발 사고가 생겼다. 이 사고로 실험실이 날아가고 다섯 명이 숨졌는데, 그 중에는 노벨의 동생도 포함되어 있었다. 이 사건은 노벨에게 크나큰 충격을 주었다. 또한 이 폭발 사고로 인하여 이웃 사람들이 폭발 실험을 결사반대했고, 정부에서도 '육지에서는 폭발 실험을 할 수 없다'는 금령을 내렸다.

하지만 이러한 사건에도 노벨은 좌절하지 않고 실험을 계속하였다. 그는 배 한 척에 세를 들고, 호수에 정박해 놓은 채 4년의 시간 동안 수백 번의 실험을 거듭하였다. 어느 날, 노벨이 뇌관에 불을 달아 놓고 변화를 관찰하던 중에 갑자기 폭발이 생겨 모든 것이 연기 속에 잠겼다. 사람들이 노벨을 걱정하고 있을 때, 새까맣게 그을리고 피투성이가 된 노벨이 연신 '성공이다'를 외치면서 연기 속을 헤치고 뛰어나왔다. 하지만 폭약 발명으로 만족하지 않은 노벨은 계속해서 실험과 연구에 집중하였다. 결국 그가 얻은 발명 전매특허는 무려 355가지에 이른다.

화풀이 편지

내가 옳다면 화낼 필요가 없고,
내가 틀렸다면 화낼 자격이 없다.

마하트마 간디

　미국 국방 장관 스탠턴이 자기를 나쁘게 말한 장군에게 보내려는 편지를 링컨 대통령에게 읽어주었다. 편지의 내용은 온통 살기등등하고 험악한 욕설로 가득했다.

　"그렇지. 제깟 놈이 뭔데 그래? 좋아, 한 방 먹여라!"

　링컨이 가끔씩 고개를 끄덕이며 맞장구를 쳤다. 그러니 스탠턴은 신이 나서 더 큰 소리로 편지를 읽었다. 그때마다 링컨은 스탠턴의 편을 들어주었다. 편지를 다 읽고 난 스탠턴이 편지를 접어 봉투에 넣으려 하자 링컨이 조용히 물었다.

　"여보게, 스탠턴. 그 편지를 어쩌려고 그러는가?"

　"어쩌다니요? 그놈에게 보내서 본때를 보여줘야죠."

　그때 링컨 대통령이 미소를 지으며 말했다.

　"자네는 그 편지를 쓰면서 실컷 화풀이를 하지 않았는가. 또 내 앞에서 읽는 동안 그 사람을 보기 좋게 때려눕혔으니, 그 편지는 이제 저 난로 속에 집어넣는 게 낫지 않겠나?"

" 가장 강한 사람은
스스로를 통제할 수 있는 사람이다. "

세네카

—

남다른 아이디어

지식보다 더 중요한 것은 상상력이다.

알베르트 아인슈타인

———

미국 제31대 대통령 후버는 9살 때 아버지를 여의고 숙부의 손에서 자랐는데, 독학으로 대학에 합격했다. 그런데 한 가지 문제가 후버를 기다리고 있었다. 바로 학자금이었다. 그렇지 않아도 숙부에게 신세를 지고 있는 처지에, 학자금까지 기대할 수는 없었다. 이윽고, 한 가지 꾀를 생각해 낸 그는 학생 휴게실에 이러한 전단지를 뿌렸다.

더러운 세탁물이 있으신가요?
세탁물은 저 광산지질학과 H. 후버가 모두 받겠습니다.
저렴한 가격으로, 여러분의 요청이 있으면
신속하게 기숙사나 아파트로 찾아가겠습니다.

H. 후버

이 신기한 광고지는 교내를 떠들썩하게 했으며, 대부분의 학생들이 후버에게 세탁물을 맡기게 되었다. 물론 그가 세탁 설비를 갖고 있었던 것은 아니다. 그렇다고 해서 직접 손빨래를 한 것도 아니었다. 만약 그랬다면 본업인 공부는 도저히 불가능했을 것이다. 그는 학교 근처의 세탁소에 세탁물을 공급해 주고, 소개료 형식으로 일정한 돈을 받았던 것이다. 세탁소 입장에서도 특별한 홍보 없이 대량 주문이 들어왔으므로 이득인 셈이었다. 이 탁월한 아이디어로 후버는 학자금을 충분히 마련할 수 있었다. 이후로도 후버는 역경에 처하면 언제나 그것을 뛰어넘었다. 그에게는 번뜩이는 아이디어와, 생각을 바로 행동으로 옮길 수 있는 동력이 있었기 때문이다.

• 아이디어에 대한 명언 •

무미건조한 상상력보다 끔찍한 것은 없다.

요한 볼프강 폰 괴테

아이디어에 생명을 불어 넣는 것은 모험이다.

알프레드 화이트헤드

이제 완벽하다네!

잘난 척하는 것은 스스로를 독살하는 것이다.

벤저민 프랭클린

　이탈리아의 조각가이자 화가인 미켈란젤로는 무려 2년이라는 시간에 걸쳐, 높이가 4미터나 되는 다비드 상을 완성하였다. 이 작품을 부탁했던 피렌체의 시장이 작품을 보고 싶어 하자, 미켈란젤로는 기꺼이 그를 초대했다. 시장은 무척 놀란 눈으로, 대리석으로 만들어진 아름답고 거대한 작품을 바라보았다. 참으로 장관이었다. 그래서 속으로 무척 감탄하다가 가까스로 한마디 했다.

　"내 생각에는 코가 좀 두툼한 것 같소."

　미켈란젤로는 아무런 대꾸도 하지 않고 연장을 집어 든 다음, 조각상의 머리 부분으로 기어 올라갔다. 그의 왼손에는 몰래 숨겨 놓은 대리석 부스러기가 쥐어져 있었다. 머리 부분으로 기어 올라간 그는 코를 깎아 내는 척하면서 손에 쥐고 있던 부스러기를 흘렸다. 그것을 보고 있던 시장이 만족하여 소리쳤다.

　"아주 좋아졌소! 이제 완벽하다네!"

　시장이 돌아간 뒤에 미켈란젤로는 큰소리로 웃었다.

시험에 든 솔로몬

사람이 위기에 처했을 때, 반드시 취해야 할 조치가 있다.
여러모로 궁리를 강구한 다음,
태연하게 대처하는 것이다.

《근사록》

———

스바 여왕은 이스라엘의 솔로몬 왕이 지혜가 많다는 소문을 듣고, 선물을 잔뜩 가지고 시험 삼아 그의 성을 방문했다. 스바가 솔로몬에게 말했다.

"제가 가져온 아름다운 화분이 두 개가 있습니다. 하나는 진짜 꽃이고, 다른 하나는 정교하게 만든 가짜 꽃이지요. 이 두 화분이 저 뜰 안에 있는데, 가까이 가시지 말고 여기서 두 개의 화분을 분간해 보시기 바랍니다. 모르는 것이 없는 분이시니, 이 정도는 쉽겠지요?"

솔로몬 왕은 신하 한 명을 불렀다. 그러자 신하가 참대로 만든 통을 하나 가져와 왕에게 건넸다. 왕이 통의 한쪽 끝을 열자, '위잉' 하며 그 속에서 꿀벌 수백 마리가 나와서 이리저리 날아다녔다. 이때, 두 화분 중 하나에는 몇 마리 꿀벌이 날아가 붙었지만 나머지 화분에는 꿀벌이 한 마리도 붙지 않았다. 솔로몬은 꿀벌이 날아가 붙은 꽃이 생화라고 판단했다.

유머로 바꾼 열등감

나는 힘과 자신감을 찾아 항상 바깥으로 눈을 돌렸지만,
자신감은 내면에서 나온다.
자신감은 항상 그곳에 있다.

안나 프로이트

어느 날, 링컨은 어느 작은 모임에 참석했다가 간단한 연설을 부탁 받고 사람들 앞에 나섰다.

"지금 저는 언젠가 숲속에서 마차를 탄 부인을 만났을 때와 비슷한 상황에 처해 있습니다. 와서는 안 될 장소에 와 있는 것입니다."

"아니, 그게 무슨 말씀이시죠?"

의아해 하는 사람들의 반응에 링컨이 말을 이었다.

"그때 저는 그 부인에게 길을 비켜 주려고 옆으로 멈춰 서 있었습니다. 그러자 그 부인은 마차를 세우고, 제 얼굴을 뚫어져라 응시하는 것이었습니다. 저는 그 까닭을 물었죠. 대체 왜 그렇게 날 쳐다보느냐고. 그러자 그 부인이 '살면서 본 얼굴 중에서 가장 못생긴 얼굴과 마주하고 있다'고 말하는 것이었습니다.

"저런…."

"그래서 제가 항의했지요. '이보시오, 부인! 그거야 난들 어쩔 도리가 없잖소?' 그러자 그 부인은 한숨을 내쉬면서 말하더군요."

"뭐라고요?"

"못생긴 거야 어쩔 수 없다쳐도, 집안에 처박혀 있는 건 왜 못하는 거예요?"

천연덕스러운 링컨의 유머에 청중들은 박수를 치며 웃었다. 스스로에 대한 자신감이 강한 사람은 자기의 콤플렉스까지도 웃음으로 바꿀 수 있다.

청바지의 등장

군자는 징조를 보면서 일을 한다.

《역경》

———

상인의 아들이었던 리바이 스트라우스는 미국으로 건너가 뉴욕에서 의류 장사를 하였다. 금광이 발견된 후, 캘리포니아로 거주를 옮긴 그는 동부에서 조달한 의류와 잡화를 판매하기 시작했다. 금광 부자의 꿈을 안고 캘리포니아로 몰려드는 사람의 수에 비해 생활용품은 부족했던 터라 사업은 꽤 괜찮은 성과를 보였다. 그러던 어느 날, 스트라우스는 우연히 이런 이야기를 듣게 되었다.

"힘들게 일을 하다 보니 바지가 금방 찢어지는군. 차라리 튼튼한 텐트용 천으로 옷을 만들면 어떨까?"

이 말을 들은 스트라우스는 무릎을 쳤다. 그리고 프랑스 남부 지방의 님Nimes이라는 작은 도시에서 생산된 천막용 소재로 바지를 만들기 시작했다. 이것이 바로 우리가 아는 데님 소재의 청바지인데, 그 결과는 엄청났다. 사람들이 마치 유니폼처럼 모두 청바지를 입기 시작한 것이다. 세계적인 의류 회사 '리바이스'는 이렇게 탄생하게 되었다.

불후의 연설

위대한 인물이란 올바른 판단력의 소유자이다.

랄프 왈도 에머슨

—

　미국 남부에 있는 게티즈버그에는 남북 전쟁 희생자를 위한 국민 묘지가 만들어졌다. 그리고 추모식이 거행될 때 링컨이 했던 연설은 아직까지도 미국 역사상 불후의 명연설로 꼽히고 있다. 링컨은 용사들의 공훈을 찬양한 다음, 이렇게 말했다.

　"살아 있는 우리는 이제 결의를 새롭게 다져야 할 것입니다. 이들의 죽음을 헛되이 하지 않는다는 것을, 이 나라의 국민은 신의 아래에서 새로운 자유를 창조해 낸다는 것을. 그리고 국민의, 국민에 의한, 국민을 위한 정치가 이 땅에서 사라지지 않도록 하겠다는 것을."

　그 후, 이 '국민의, 국민에 의한, 국민을 위한 정치'라는 말은 민주 정치의 이상을 가장 간결하게 표현한 것으로, 아직까지도 사람들의 입에 오르내리고 있다. 한편, 링컨이 남긴 또 하나의 주옥같은 명언이 있다.

　"국민의 일부를 처음부터 끝까지 속일 수는 있다. 국민의 전부를 한때는 속일 수도 있다. 그러나 국민의 전부를 처음부터 끝까지 속일 수는 없다."

탈레스의 복수

내가 하늘이 바라는 것을 하면,
하늘 또한 내가 바라는 것을 해준다.

묵자
—

천문학자 탈레스는 별빛이 아름다운 밤, 열심히 하늘을 보며 걷다가 그만 우물에 빠지고 말았다. 그러자 그와 함께 걷고 있던 하인이 탈레스를 놀리며 넌지시 한마디 했다.

"주인 나리께서는 하늘에 대해선 잘 아시지만, 땅에 대해서는 통 모르시는군요."

그런데 탈레스가 무시 받은 적은 이번만이 아니었다. 무척 가난한 탈레스의 형편을 두고, 어떤 사람이 빈정거리며 말했다.

"한 푼도 못 버는 천문학인가 뭔가를 하니까 그렇지."

그러자 탈레스는 '어디 두고 보자'며 벼른 후, 하늘의 모양과 상태를 연구하여 다음 해의 기상을 미리 알아냈다. 그리고 겨울에 그 사람이 가진 올리브 기름 공장을 헐값에 사들였다.

놀랍게도 탈레스의 예상은 정확히 적중했다. 이듬해 올리브 수확량이 크게 늘어나 기름 공장이 번창한 것이다. 이렇게 해서 결국 탈레스는 독설가의 코를 납작하게 만들어 놓았다.

가장 그리기 쉬운 것

꾸미는 마음을 잠재우면,
곧 마음속에 달이 뜨고 맑은 바람이 인다.

《채근담》

———

　제나라 왕은 그림 그리기를 좋아했다. 하루는 왕이 여러 사람을
모아 놓고 물었다.

　"무슨 그림이 가장 그리기 쉬운가?"

　잠시 침묵이 흐르고, 한 사람이 일어나서 말했다.

　"귀신을 그리는 것이 가장 쉽습니다. 개와 말은 사람마다 볼 수 있
고, 날마다 눈앞에 있으니 진짜처럼 똑같이 그려야 합니다. 그래서
잘 그리기가 매우 어렵습니다. 그러나 귀신은 그림자나 형체가 없
고, 본 사람도 없으며, 눈앞에 나타난 적도 없으니 제 마음대로 그려
도 되지요. 어떻게 그리든 귀신을 닮지 않았다고 증명할 사람이 없
습니다. 그러므로 귀신을 그리기가 가장 쉽습니다."

제일가는 구두쇠

교묘한 말과 간사한 표정을 가진 사람 중에
어진 이는 없다.

공자

———

하루는 록펠러의 사무실에 말을 번지르르하게 잘하기로 소문난 불량배가 찾아왔다.

"저는 록펠러 선생님을 뵙기 위해 백 리 길도 멀다 않고 달려왔습니다. 그런데 오는 도중에 만나는 사람마다 선생님은 인심이 좋은 분이라고 하더군요."

불량배의 말을 듣고 있던 록펠러는 그렇다는 듯이 몸을 가다듬으면서 그를 향해 물었다.

"돌아갈 때도 왔던 길로 다시 가는가?"

"예, 그렇습니다만…."

"그럼 자네에게 한 가지 부탁을 해도 괜찮겠는가?"

젊은 불량배는 내심 '이 정도면 내 계획대로 되겠지' 생각하고는 흔쾌히 승낙했다.

"그럼 돌아가면서 만나는 사람마다 내가 뉴욕에서 제일 쩨쩨한 인간이더라고 말해 주게나."

불량배는 아무 말 없이 뒤돌아 나갔다.

아인슈타인의 가르침

아무리 작은 것도 만들지 않으면 얻을 수 없고,
아무리 총명하더라도 배우지 않으면 깨닫지 못한다.
노력과 배움 없이는 인생을 밝힐 수 없다.

맹자
———

아인슈타인에게는 늘 많은 사람이 찾아왔다. 그들은 '소리의 속도가 얼마인지 기억하는가?', '어떻게 그 많은 것을 기억할 수 있었는가?', '무엇이든 다 공책에 적어서 다니는가?'와 같은 것들을 물었다. 아인슈타인은 사람들의 기대를 저버리지 않기 위하여, 이러한 질문들에 흔쾌히 대답해 주었다.

"저는 원래 공책을 가지고 다니지 않습니다. 늘 머리가 가뿐하기 때문에, 가진 힘의 전부를 연구하는 문제에 집중합니다. 그리고 여러분이 소리의 속도가 얼마냐고 물었는데, 사전을 보지 않고서는 정확히 대답하기 어렵습니다. 저는 사전에 올라와 있는 것은 기억하지 않기 때문입니다. 제 기억력은 어디까지나 책에 있지 않은 것을 기억하는데 쓰입니다."

아인슈타인이 프린스턴에 있을 때, 그는 부인과 함께 소박한 판잣집에서 생활했다. 이웃집에는 열두 살 난 여자아이가 있었는데, 아이는 학교가 마치면 백발이 성성한 아인슈타인을 찾아오곤 하였다. 아인슈타인은 자주 아이의 공부와 숙제를 검사해 주었다.

"할아버지, 이 문제는 어떻게 풀어야 하나요?"

"애야, 스스로 사고할 줄 알아야 한다. 넌 어려움을 느끼면 쉽게 다른 사람에게 손을 내미는데, 그래서는 안 돼."

이어서 아인슈타인은 아이에게 또다시 가르침을 새겨 주었다.

"나는 너에게 방향만 제시해 줄 수 있을 뿐, 정답은 네가 머리를 써서 얻어야 한단다."

· 노력에 대한 명언 ·

배우기만 하고 생각하지 않으면 얻는 것이 없고,
생각만 하고 배우지 않으면 위태롭다.

공자

천재는 1퍼센트의 영감과 99퍼센트의 땀으로 이루어진다.

토머스 에디슨

리더의 자질

우습게 들릴지도 모르지만,
진정한 혁명가를 이끄는 것은 위대한 사랑의 감정이다.
이런 자질이 없는 혁명가는 생각할 수 없다.

체 게바라

———

어느 날, 한 장교가 헐레벌떡 뛰어와 나폴레옹에게 급히 소식을 전했다.

"각하, 큰일 났습니다! 이탈리아에 있는 우리 군대가 오스트리아 군대에게 완전히 포위되었다고 합니다!"

보고를 받은 나폴레옹은 잠시 깊은 생각에 잠겼다. 그런 다음, 단호하게 지시를 내렸다.

"즉시 지원군을 출동시킬 준비를 하라."

"하지만 각하, 군대를 보내려면 많은 배가 필요한데… 우리 군에는 배가 없지 않습니까?"

장교의 말에 나폴레옹은 그를 힐난하듯 바라보며 반문했다.

"누가 배로 간다고 했나? 알프스를 넘어갈 것이다!"

"각하, 눈 덮인 알프스를 넘어간다고요? 그건 도저히 불가능한 일입니다!"

나폴레옹은 사뭇 비장한 어조로 부하들을 향해 외쳤다.

"불가능이라고? 잘 들어라. 내 사전에 불가능이란 단어는 없다!"

그의 명령이 떨어진 이상, 말은 필요없었다. 백마에 올라탄 나폴레옹이 선두에서 군사를 지휘했다. 그가 직접 6만 대군을 이끌고 험준한 알프스를 넘게 된 것이다. 나폴레옹이 이끄는 프랑스 군대는 알프스 산맥 기슭에서 하룻밤 휴식을 가졌다. 모닥불 둘레에 삼삼오오 무리지어 있던 병사들이 곤히 잠든 뒤, 나폴레옹은 혼자서 군영 안을 순찰하러 다녔다. 이때 보초를 서던 한 병사가 그를 알아보고 씩씩하게 경례했다. 나폴레옹은 마치 친동생 혹은 아들을 대하듯 자상한 손길로 병사의 등을 토닥여 주었다.

"수고가 많다. 모닥불이 꺼지지 않게 조심하라."

이처럼 나폴레옹은 진심으로 자신의 부하들을 아끼고 사랑한 지도자였다. 바로 그 사랑이 험준한 알프스 산맥을 넘게 한 힘이었으며, 불가능을 가능하게 한 원동력이었다.

" 진실을 사랑하고
실수를 용서하라. "

볼테르
—

유레카!

우리가 해야할 일은 끊임없이 호기심을 갖고,
새로운 생각을 시험해 보고, 새로운 인상을 받는 것이다.

월터 페이터

히에론 왕이 기술자에게 순금을 주며 금관을 만들어 오라고 시켰다. 얼마 후, 기술자는 금관을 가져왔다. 하지만 왕의 눈에는 아무래도 금관에 은이 섞인 것처럼 보였다. 이에, 왕은 물리학자인 아르키메데스를 불러 금관이 순금인지 아닌지 밝혀낼 것을 지시했다. 아르키메데스는 마땅한 측정법을 찾기 위해 머리를 굴린 나머지, 두통이 생길 정도였다.

그러던 어느 날, 아르키메데스는 목욕을 하기 위해 물이 가득찬 탕 속에 몸을 담갔다. 그런데 바로 그 순간, 문득 몸이 가벼워지는 감각을 느끼며 그의 머릿속에 한 가지 번뜩이는 생각이 스쳤다.

'금관의 무게를 확인한 다음, 그와 똑같은 분량의 순금 덩어리를 물속에 넣어 본다면 그것이 순금으로만 이루어졌는지 알 수 있을 게 아닌가?'

해결 방법을 찾았다는 사실에 흥분한 아르키메데스는 벌거벗은 것도 잊은 채 '유레카(그리스어로 알았다는 뜻)'를 연신 외치며 거리로 뛰어나갔다.

도전의 의미

절대 실수하지 않는 사람은
아무 일도 하지 않는 사람뿐이다.

롤랑

———

어느 날, 한 과학자가 프랭클린을 찾아와서 열기구를 발명한 몽골
피에 형제에 대해 악담을 퍼부었다.

"설사 하늘을 난다 쳐도 그렇습니다. 그까짓 기구가 하늘 높이 올
라간다 해도 그게 무슨 이득이 있겠습니까?"

그의 말을 묵묵히 듣고 있던 프랭클린이 마침내 반문했다,

"그렇다면 갓난아이는 어떤 목적을 갖고 있다고 보십니까?"

"그거야…"

그 과학자는 대꾸하지 못했고, 몽골피에 형제는 몇 번의 시행착오
끝에 인류 역사상 최초로 열기구로 하늘을 나는 데 성공했다.

집중이 필요해

성공을 하려거든 남을 밀어젖히지 말고,
자신의 힘을 계산해서 무리하지 않으며, 뜻하는 일은
한눈팔지 말고 묵묵히 해 나가야 한다.

벤저민 프랭클린

———

진나라 왕자기는 마차의 고수였다. 하루는 조나라의 대부 양주가 그를 선생으로 삼아 마차를 모는 기술을 배웠다. 양주는 배운 지 며칠 되지 않아 왕자기에게 마차 경기를 제안했다. 경기 결과, 양주는 세 번을 내리 졌다. 체면이 구겨진 그가 왕자기를 원망했다.

"그대는 어찌하여 나에게 마차 몰이 기술을 전부 가르쳐 주지 않았는가? 그래, 어떤 기술로 인해 내가 패배했단 말인가?"

"제가 알고 있는 기술은 모두 가르쳐 드렸습니다."

"그렇다면 나는 왜 그대를 따라잡지 못했는가?"

왕자기는 웃으며 말했다.

"문제는 마차를 모는 사람의 주의력이 말에 집중되었는가에 달려 있습니다. 사람과 말이 하나가 되어야 마차가 빨리 달릴 수 있습니다. 아까 전 시합에서, 조급해진 대부께서는 채찍으로 힘껏 말을 쳐서 저를 앞서려고 하셨습니다. 그리고 대부의 마차가 제 앞에서 달릴 때도 뒤돌아보면서 제가 따라잡지 않을까 근심하셨습니다. 사실 경주에서 앞서고 뒤서는 일은 일상적인 일입니다. 대부께서는 앞섰을 때나 뒤섰을 때나 극도로 긴장하여 오직 승부에만 주의를 기울이시니, 언제 달리고 있는 말에 정신을 집중하겠습니까?"

그제서야 깨달음을 얻은 양주는 크게 웃음을 터뜨린 뒤, 왕자기에게 다시 마차 경기를 제안했다.

・집중력에 대한 명언・

많은 사람이 큰일을 해내지 못하는 것은
집중력이 부족하기 때문이다.

존 록펠러

중요한 일에 집중할 수 있는 능력이
바로 지능의 가장 결정적인 특징이다.

로버트 실러

남을 사랑하되 그의 악한 점을 알아야 하며,
남을 미워하되 그의 선한 점을 알아야 한다.

《예기》

우정은 풍요를 더 빛나게 하고,
풍요를 나누어 역경을 줄인다.

키케로

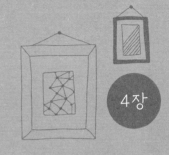

4장

관계의 폭을
넓히는 한마디

에디슨의 파트너

성실함은 사람을 감동시킨다.

토머스 에디슨

———

성실하고 의지가 굳은 반스는 에디슨과 함께 일하기로 결심했다. 하지만 에디슨은 반스를 당장 자신의 파트너로 맞아들이지 않았다. 그럼에도 반스는 수년간 에디슨의 사무실을 청소하고, 고장난 물건을 수리하는 등 성실한 모습을 보였다. 그런데 어느 날, 청소를 하던 반스는 영업부 직원들이 에디슨의 최신 발명품 '딕터폰'이 절대로 팔리지 않을 것이라며 비웃는 소리를 들었다. 멀쩡한 비서를 두고 누가 딕터폰을 쓰겠냐는 것이 그들의 생각이었다. 이때, 반스가 나서서 말했다.

"제가 한번 팔아보겠습니다."

그날로 반스는 딕터폰 판매 일을 시작했다. 그는 그간 허드렛일을 하며 번 돈으로 한 달 간 뉴욕을 동분서주 뛰어다니며 총 일곱 대의 딕터폰을 팔았다. 그리고 잠시 사무실로 돌아왔을 때, 에디슨은 마침내 그를 파트너로 받아들였다. 이렇게 해서 반스는 에디슨의 첫 파트너가 되었다.

관포지교(管鮑之交)

운명의 기복은 친구의 신뢰를 시험한다.

키케로

———

중국 춘추 시대의 정치가인 관중과 포숙아는 함께 장사를 했는데, 그때 관중이 포숙아를 속이고 혼자 이익을 얻은 일이 있었다. 그러나 그 당시 관중은 매우 어려운 처지에 있었으므로, 포숙아는 그 사실을 알면서도 불평하지 않았다. 그뿐 아니라 관중이 저지른 일로 크게 손해를 입은 적도 있었으나, 포숙아는 '장사를 하면 이득을 보는 때도 있고 손해를 보는 때도 있다'며 그를 나무라지 않았다.

포숙아가 관중을 너그러이 돌봐준 것은 비단 장사에서만이 아니었다. 관중이 싸움터에서 패하고 도망쳐 왔을 때, 다른 이들은 그를 비겁하다며 욕했다. 하지만 포숙아는 관중에게는 늙은 어머니가 계시기 때문에 목숨을 아낀 것이라며 비난으로부터 그를 보호했다. 그 후, 관중이 반역죄로 잡혔을 때에도 포숙아는 왕에게 가서 관중의 잘못을 대신 사죄하고, 왕의 마음을 움직여 관중을 재상으로 만들었다. 이처럼 포숙아가 보여준 깊은 우정에 감동한 관중은 언제나 이렇게 말했다.

"나를 낳은 사람은 부모요, 나를 똑바로 알아준 사람은 포숙아다."

두 위인의 인연

우정이란 성장이 더딘 식물이다.
그것이 우정이란 이름을 들을 수 있게 되기까지는
몇 번의 곤경이 있어야 한다.

조지 워싱턴

처칠은 과거에 템스 강변에서 놀다가 물에 빠진 적이 있었다. 그가 도와달라고 외치자, 마침 그 장면을 목격한 플레밍이 목숨을 걸고 처칠을 구해 주었다. 이 사실을 안 처칠의 할아버지는 손자를 구해준 생명의 은인 플레밍에게 소원이 뭐냐고 물었다. 플레밍은 의학을 공부해서 장차 더 많은 생명을 구하고 싶다고 했다. 명문 귀족인 처칠의 할아버지는 플레밍이 의학 공부를 할 수 있도록 학자금을 지원해 주었고, 플레밍은 훗날 페니실린의 치료 효과를 발견하기에 이르렀다.

한편 군인이 된 처칠은 제2차 세계 대전에 참전하였는데, 전쟁을 치르던 중 입원을 하고 말았다. 그런데, 그 소식을 들은 플레밍이 직접 가서 그를 치료해 주었다. 이렇게 해서 둘은 서로에게 받은 은혜를 갚았고, 우정과 업적을 모두 쌓으며 위대한 인물이 되었다.

최고의 업적, 제자

신하가 적합한 직위에 있으면 자신의 재능을 발휘할 수 있고,
직무를 능히 해내며, 수월하게 임무를 완료한다.

한비자

———

　작은 책방의 점원이었던 패러데이는 과학자 데이비의 강연을 들으러 다녔다. 데이비의 강연에 큰 흥미를 느낀 패러데이는 강연 내용을 정리한 책 한 권을 만들어 데이비에게 보냈다. 얼마 지나지 않아 패러데이가 만든 책을 읽은 데이비는, 그가 왕립연구소에서 일할 수 있도록 도와주었다. 이후, 패러데이는 데이비의 제자로 어느곳에나 동행했으며, 은사의 기대에 보답하여 전기와 자기磁氣에 대한 위대한 발견을 남겼다. 하루는 어떤 기자가 데이비를 찾아와 질문을 한 가지 하였다.

　"박사님께서는 여태껏 많은 업적을 이루셨는데, 그중 가장 보람 있었던 일은 무엇입니까?"

　기자의 질문에 데이비가 망설임 없이 대답했다.

　"패러데이를 제자로 가진 일이오!"

석유왕의 친구

나를 더욱 높이 올려 줄 사람을 가까이 하라.

오프라 윈프리

———

석유왕 록펠러가 일생을 석유 사업에 바치려고 결심한 것은 스물 다섯 살 때였다. 그의 명석한 머릿속에는 석유 사업에 대한 구체적인 계획이 이미 명확하게 그려져 있어, 이름을 떨칠 가능성이 충분했다. 하지만 그가 아무리 천재적인 사업 수완을 가지고 있다 해도, 혼자만의 힘으로는 그렇게까지 성공할 수 없었을 것이다. 그의 협력자 중 하나인 사무엘 앤드루스는 영국의 기술자로, 석유 정제에 일가견이 있었다. 또 한 명의 협력자는 헨리 플래글러인데, 그의 조직 능력과 관찰력은 록펠러를 훨씬 능가하는 수준이었다. 록펠러는 집에서나 사무실에서나 항상 플래글러와 함께 지내며 석유 사업을 계획하고 추진하였다.

"사업에 기반을 두고 맺어진 우정이, 우정으로 시작된 사업보다 얼마나 좋으냐!"

플래글러는 록펠러에게 늘 진한 우정을 표현했다. 이처럼, 큰 사업은 훌륭한 사람과의 협력 없이는 이루어지지 않는다.

누구와 함께 하시겠습니까?

**당신이 훌륭한 사람을 만났을 때에는,
그 사람이 가진 덕을 자기 자신도 가지고 있는지
생각해 보아라.**

미겔 데 세르반테스

———

공자가 제자인 안회에게 이렇게 말했다.

"왕에게 선택을 받으면 전력을 발휘하겠지만, 만약 그렇지 않을 때는 조용히 지켜보고 있도다. 이러한 경지에 다다른 것은 나와 너뿐이다."

그들의 곁에는 또 다른 공자의 제자, 자로가 있었다. 자로는 비록 학문은 미흡했지만 무술은 뛰어난 용맹스러운 남자였다. 공자의 이야기를 듣고 질투를 느낀 자로가 물었다.

"그렇다면 만약 대군을 움직여 전쟁에 임하는 경우, 선생님은 누구와 함께 하시겠습니까?"

자로는 내심 공자의 선택을 받고 싶었다. 하지만 공자는 이렇게 말했다.

"맨손으로 호랑이 굴에 뛰어들거나, 황하를 걸어서 건너겠다는 식의 무모함은 곤란하다. 나는 반드시 승리할 수 있는, 주의 깊고 면밀한 계획을 세우는 사람 쪽에 기댈 것이다."

관대함의 품격

사람을 대할 때 지나치게 엄격하게 행동하지 말고,
너그럽고 부드러운 말씨로 관대하게 하는 것이
복을 받는 일이다.

《채근담》

———

미국 제18대 대통령 그랜트가 전용 열차를 타고 워싱턴으로 향하던 도중이었다. 어느 역에서 한 부인이 급히 열차에 오르더니, 그랜트의 옆자리에 앉았다. 그녀는 자신이 탄 열차가 대통령 전용 열차라는 사실도, 옆 사람이 대통령이라는 사실도 전혀 알지 못하고 있는 것 같았다. 담배를 피우는 대통령을 향해 부인이 얼굴을 찡그리며 "저는 담배 연기를 싫어해요. 꺼주지 않겠어요?"라고 말했다. 그랜트는 문득 이 열차는 자신의 전용 열차라고 말하려다가 생각을 고치고 웃으며 담배를 껐다. 잠시 후, 역장이 그랜트에게 인사를 하러 왔다가 옆의 부인을 보고 깜짝 놀라 부인의 귀에다 대고 말했다.

"이건 대통령 전용 열차요. 그리고 저 사람은 대통령이고요."

"정말 죄송합니다."

이야기를 듣자마자 눈이 둥그레지고 두 볼이 새빨개진 부인은 도망치듯이 다른 열차로 갔다. 그랜트는 온화하게 고개를 끄덕이며 웃는 얼굴로 부인을 보내주었다. 과연 대통령의 품격을 보여주는 관대한 태도였다.

66 행복은 생각하고 말하고 행동하는 것이
서로 조화를 이룰 때 찾아온다. **99**

마하트마 간디

—

백아절현(伯牙絶絃)

참된 벗을 갖지 못하는 것은 엄청난 고독이다.
벗이 없으면 이 세계는 황야에 지나지 않는다.

프랜시스 베이컨

———

춘추 시대에 거문고의 명인 백아가 있었다. 그가 거문고를 타면 천자의 수레를 끄는 여섯 필의 말까지 감동하여 고개를 우러르고 멈춰섰다고 한다. 그러나 백아의 음악을 진실로 이해해 주는 사람은 그리 많지 않았다. 하지만 종자기라는 사람은 그 누구보다도 백아의 음악을 가장 잘 이해하고 사랑했다. 종자기와 백아는 세상에 둘도 없는 친구가 되었다.

어느 날, 함께 놀러갔던 두 친구가 갑자기 소나기를 만났다. 비를 피해 바위 아래 머무는 동안, 백아가 거문고를 들고 줄을 튕겼다. 종자기는 그를 들으며 곡조 하나하나에 담긴 백아의 생각을 차례로 맞추었다. 종자기의 정확한 추측에 얼이 빠진 백아는 타던 거문고를 던져 버리고 감탄하여 말하였다.

"참으로 신묘하오. 그대의 추측과 내 뜻이 어쩌면 그렇게도 일치하는지… 그대의 귀 앞에서는 나의 음악이 이리도 쉽게 간파 당하는구려!"

이처럼 종자기는 백아가 가진 음악의 진수를 누구보다도 잘 알아

주던 유일한 친구였다.

훗날 종자기가 죽자, 백아는 자신의 음악을 이해해 줄 사람이 세상에 없음을 애달파했다. 그리고 거문고의 줄을 끊어 버린 후, 죽을 때까지 다시는 거문고를 타지 않았다.

• 우정에 대한 명언 •

모든 것을 가졌다고 해도 친구가 없다면
아무도 살기를 원치 않을 것이다.
아리스토텔레스

친구를 가진다는 것은 또 하나의 인생을 가지는 것이다.
발타자르 그라시안

선의의 거짓말

속으로는 생각해도 입 밖으로 내지 말아야 하며,
서로 친한 사이라도 분수를 넘지 말라. 그러나 일단
마음에 든 친구는 쇠사슬로 묶어서라도 놓치지 말라.

윌리엄 셰익스피어

———

프랑스의 천재 화가로 알려진 밀레도 젊은 시절에는 몹시 가난할 때가 있었다. 어느 해 겨울이 되자, 엄동설한이 닥쳐왔다. 하지만 밀레의 그림은 도통 팔리지 않아, 온 가족이 생계의 위협을 받게 되었다. 빵을 구울 밀가루는 물론, 난로에 지필 땔감조차 없었다. 밀레와 그의 식구들은 허기를 참으며, 차디찬 방에서 등을 맞대고 서로의 체온으로 추위를 쫓았다.

그런데 이때, 밀레의 친구 루소가 그를 찾아왔다. 당시 루소는 신진 화가로서 인기를 얻고 있었다. 루소는 밀레의 손을 부여잡으며 이렇게 말하였다.

"밀레! 반가워하게. 자네의 그림을 사겠다는 미국인이 나타났어!"

"뭐라고? 그게 정말인가?"

"그럼 정말이지! 자, 이걸 보게나. 이 돈은 그 사람한테서 받은 선불이야. 게다가 그림의 선택도 맡겼단 말일세. 실은 오늘 함께 올 예정이었는데, 급한 용무가 생기는 바람에 아침 일찍 런던으로 떠나면서 내게 이 돈을 주었다네."

루소는 이렇게 말하면서 3백 프랑의 돈을 꺼내어 밀레에게 보여 주었다. 그 순간, 가난에 찌든 밀레의 얼굴에 생기가 돌았다.

　"루소, 참으로 고맙네! 이제 우리 식구는 살았구먼. 자, 어서 자네 마음에 드는 그림을 골라 보게."

　"이 사람아, 고르고 말고 할 게 있나? 난 자네 그림이라면 눈을 감고도 알 수 있단 말이야. 어디 보자… 3백 프랑으론 좀 모자라다고 할지 모르겠지만, 〈접목하는 농부〉는 어떤가?"

　"아무렴, 좋고말고. 오히려 내가 비싸게 판 셈일세, 그려."

　밀레는 만면에 기쁨을 감추지 못하며 그림에다 사인을 끝낸 다음, 친구의 손에 그림을 들려 주었다. 사실, 그 그림을 사간 것은 미국의 사업가가 아니라 루소 자신이었다. 밀레의 가난을 도와주고 싶었지만, 그의 기분이 상할까 봐 연극을 꾸민 것이다. 친구를 배려하는 루소의 마음 덕분에, 둘의 훈훈한 우정은 무럭무럭 자라났다.

의리를 지켜라

하늘은 도리에 순응하는 자를 돕고,
사람은 믿음과 의리가 있는 자를 돕는다.

《역경》
—

유비가 조조에게 밀려 급히 후퇴할 때, 그를 따르는 수천 명의 백성들이 모여들었다. 짐수레 역시 수천 개로 불어났는데, 이로 인해 후퇴하는 속도가 더뎌지자 참모가 유비에게 말했다.

"이대로 가다가 만약 조조의 군대에 따라잡히면 저항하기 어려워집니다. 우리만이라도 서둘러 출발해야 합니다."

한시가 급박한 상황이니, 백성들을 버리고 도망가자는 얘기였다. 물론 작전상으로는 참모의 말이 맞는데다, 어쩔 도리가 없는 상황이었다. 하지만 유비는 이렇게 말했다.

"큰일을 해내려면 반드시 사람을 얻는 것이 근본이다. 지금 백성들은 나를 따라 피난하고 있는데, 어떻게 그들만 버리고 떠날 수 있겠는가?"

유비는 이토록 급박한 상황에서도 사람에 대한 신의信義를 강조하며 참모의 진언을 물리쳤다.

천 냥 빚도 말로 갚는다

올바르게 칭찬하는 것이 비난하는 것보다 어렵다.

영국 속담

———

공자와 제자들은 함께 여행을 하다가 더위를 피해 잠시 그늘에서 쉬는 시간을 가졌다. 그런데 그들이 쉬는 사이에, 타고 온 말들이 남의 콩밭에 들어가 밭을 온통 망쳐 버렸다. 이에 화가 난 농부가 달려와 값을 물어내라고 야단이었으나, 불행히도 이들에게는 돈이 없었다. 자공이 먼저 나서서 용서를 구했지만, 농부는 막무가내였다. 이때 나이 어린 제자가 공자 앞에 나와, 자신이 농부의 화를 풀어보겠노라고 청했다. 자공은 어림없다고 고개를 흔들었지만, 나이 어린 제자는 농부를 향해 이렇게 말했다.

"농부님의 밭은 저 동쪽 끝에서 서쪽 끝까지를 차지하고 있을 만큼 큽니다. 그러니 말이 어디 다른 사람의 밭에 들어갈 수 있겠습니까? 콩밭을 망쳐 놓은 것은 말의 잘못이긴 하나, 더 큰 이유는 밭이 너무 크기 때문이 아닐까요? 그러니 이 밭만큼 넓은 아량으로 이번 일을 용서하여 주십시오."

"당신은 앞서 왔던 사람보다 예절이 있소이다."

농부는 그의 말에 크게 웃으며 그들을 용서해 주었다.

얄팍한 마음

한 번 귀한 자리에 앉고 한 번 천한 자리에 앉으면,
사귀어 온 정(情)을 볼 수 있다.

《사기》

―

옛날 한나라에 적공이라는 사람이 있었다. 그가 요직에 있을 때에는 집 문턱이 닳도록 사람들이 드나들어 마치 시장과도 같았다. 하지만 그가 사임하자, 대문 앞에 참새가 둥지를 틀 정도로 사람들의 방문이 뜸해졌다. 이후 적공이 다시 관직에 오르자, 사람들은 또 다시 밀물처럼 몰려들었다. 이처럼 쉽게 변하는 사람들의 마음을 깨달은 적공은 글 하나를 적어 대문 앞에 큼직하게 붙였다.

인간의 교제는 생사, 빈부, 귀천에 따라 변한다.
즉, 그 사람이 살아서 돈도 많고 높은 지위에 있을 때는
친구가 되기 위해 오는 사람도 많다.
하지만 죽으면 그뿐이다. 몰락해서 돈도 지위도 잃으면,
이와 더불어 사람의 발길도 끊긴다.

이는 사람들의 얄팍한 마음을 꼬집은 말이었다.

얼마든지 빌려 드립니다

**누구나 약속하기는 쉽다.
그러나 그 약속을 지키기란 쉬운 일이 아니다.**

랄프 왈도 에머슨

———

젊은 시절의 존스는 은행과의 약속을 한 번도 어긴 적이 없었다. 어려운 형편에도 은행의 이자와 기일을 꼬박꼬박 지키는 존스를 보며, 친구들은 그가 어리석다고 손가락질했다. 그러나 존스는 빌린 돈의 액수가 아무리 적다고 해도, 어김없이 정확한 날짜에 이자를 갚으며 신용을 쌓았다. 이렇게 몇 해를 보낸 어느 날, 존스는 은행의 책임자를 직접 찾아가 부탁하였다.

"안녕하십니까? 이 도시에서 가장 크고 훌륭한 신문사를 세울 계획인데, 돈을 좀 빌려 주실 수 있겠습니까?"

은행 책임자는 흔쾌히 고개를 끄덕였다.

"물론이지요. 존스 씨가 쓰신다면 우리 은행에서는 얼마든지 돈을 빌려 드릴 수 있습니다. 안심하고 이용하십시오."

존스는 그동안 쌓아 온 신용 하나로 수만 달러의 거액을 빌릴 수 있었고, 바라던 대로 미니애폴리스 시에서 가장 훌륭한 신문사의 사장이 되었다.

관중의 예언

남의 조언을 듣지 않는 자는
도움을 받을 수 없다.

벤저민 프랭클린

———

 관중은 춘추 시대 제나라 환공이 오패(천하를 다스린 다섯 제후)가 될 수 있도록 한 공신이었다. 나이가 지긋한 관중이 집에 들어앉아 있을 때, 환공이 그를 찾아왔다.

"만약 그대가 이 세상을 떠난다면, 누구를 재상으로 임명하여 정치를 맡겼으면 좋겠는가?"

"저는 이미 늙어서 잘은 모르겠습니다만, 자식을 아는 것은 부모가 제일이고, 신하를 아는 것은 왕이 제일이라고 했습니다. 상감께서 마음이 있는 사람으로 정하심이 옳을 듯하옵니다."

"그러지 말고 그대의 의견을 말해 보게. 그대의 친구인 포숙아는 어떤가?"

"친구라 함은 사사로운 정이옵고, 정치는 공사公事입니다. 사사로운 정을 버리고 말씀 올린다면, 포숙아는 재상이 될 만한 재목이 아닙니다. 됨됨이가 거만하여 백성들을 거칠게 대하기 쉽지요. 민심을 얻기는 어려울 것입니다."

"그렇다면 수조는 어떠한가?"

"수조도 안 됩니다. 그는 상감이 여자를 좋아하시는 것을 알고, 여자를 데리고 궁정에까지 들어갔던 무엄한 자입니다."

"그러면 위나라의 공자 개방은?"

"그도 아니 됩니다. 제나라와 위나라 사이는 열흘이면 올 수 있습니다. 그런데 그는 15년 동안 한 번도 자기 집에 들른 일이 없습니다. 자신의 소임을 게을리하지 않았다고 생각할 수도 있겠지만, 늙은 부모를 한 번도 찾아뵙지 않았다는 것은 불효입니다. 부모에게 불효하는 사람이 어찌 왕에게 충성할 수 있겠습니까?"

"그럼 역아는 어떤가?"

"그 사람도 적당치 않습니다. 제 자식을 죽인 사람입니다."

"그렇다면 대체 누가 좋다는 건가?"

"제 생각에는 습붕이 괜찮을 것 같습니다."

환공은 관중의 말이 옳다고 생각하였으나, 막상 관중이 죽고 나자 습붕 대신 수조를 재상으로 삼았다. 그리고 3년이 지난 어느 날, 환공이 사냥을 나간 틈을 타 수조가 반란을 일으켜 환공을 죽여버렸다. 천하를 주름잡던 환공도 결국 비운을 당하고 만 것이다.

사람을 보는 눈

천하를 다투는 제후는 먼저 사람 얻기를 다툰다.

《관자》

———

    후한의 광무제와 촉나라 공손술이 서로 대항 세력을 키우고 있을 무렵이었다. 이 두 나라 사이에 낀 땅, 농서의 주인인 외효는 어느 쪽에 붙어야 할지 거취를 정하지 못하고 있었다. 그러던 그는 부하 마원이라는 장군을 공손술에게 보내어 그의 됨됨이를 알아보도록 했다. 마원과 공손술은 옛 친구였다. 마원은 공손술이 옛날처럼 반갑게 맞아 줄 것이라고 기대하며 그를 찾아갔다. 그런데 막상 도착해 보니 호위병이 경계 태세를 갖추고 있어 기가 꺾이는 터에, 친구였던 공손술마저 무게를 잡고 매우 서먹하게 대하는 것이었다.

    "아니, 이건 권위만 잔뜩 내세우고 있군. 이래서는 세상의 인재들이 찾아왔다가도 되돌아가게 생겼으니 안 되겠어."

    마원은 서둘러 돌아가 외효에게 보고하였다.

    "공손술은 무턱대고 잘난 척할 뿐입니다. 기껏해야 우물 안 개구리에 불과합니다."

    그 뒤, 마원은 외효의 친서를 가지고 광무제를 방문하였다. 그런데, 기다릴 틈도 없이 광무제가 몸소 마중을 나오는 것이었다. 광무제는 두건 없이 이마를 드러낸 격식 없는 차림에, 얼굴에는 미소를 머금고 말을 걸어왔다.

"귀공의 소문은 전부터 듣고 있었지. 과연 듣던 대로 그만한 인물이로군."

광무제의 칭찬에 마원은 깊숙이 고개를 숙였다.

"며칠 전에 어렸을 적 친구인 공손술을 찾아갔습니다만, 참으로 어마어마한 무게를 잡으며 대하는 것이었습니다. 그런데 폐하께서는 자객일지도 모르는 저를 이다지도 반갑게 맞아 주시니 어인 일입니까?"

"아니야, 귀공이 자객이라니! 내 사람 보는 눈이 그리 없지는 않네."

광무제는 그렇게 말하고 껄껄 웃었다. 마원의 이야기를 들은 외효는 곧 자식을 광무제에게 보내어, 그를 섬기도록 했다.

지백의 교만함

큰 교만이나 큰 낙담은 스스로에 대한 큰 무지다.

스피노자

———

진나라 지백이 위나라 선자에게 땅을 달라고 요구하자, 선자는 이를 거절했다. 그러자 선자의 신하였던 임장이 말했다.

"지백이 이유 없이 남의 땅을 요구하니, 이웃 나라들이 이를 보고 경계하게 될 것입니다. 지백은 욕심이 많아 만족할 줄 모르니, 천하의 모든 나라가 반드시 두려워하게 될 것입니다. 그러니 군주께서는 땅을 주십시오. 그러면 지백은 반드시 교만해져서 상대를 가볍게 볼 것이고, 이웃 나라들은 더욱 경계하여 서로 친밀해질 것입니다. 서로 친밀해진 나라들의 병사를 한데 모아, 적을 얕보는 지백에 대항하면 그의 운명은 길지 않을 것입니다. 《주서》에서는 '장차 적을 이기려고 하면, 잠시라도 그를 반드시 도와주어야 한다. 장차 상대를 얻고자 한다면, 반드시 요구하는 것을 먼저 주어야 한다'고 했습니다. 왕께서는 땅을 줘서 지백이 교만해지도록 만든 다음 동맹하여 지백을 무찌르셔야 합니다. 어찌 지금 단독으로 그의 공격 목표가 되려고 하십니까? 이야말로 어리석기 짝이 없는 일입니다."

선자는 임장의 충언을 받아들여 1만 가구가 사는 고을을 지백에게 주었다. 이에 맛을 들인 지백은 이번에는 조나라에 땅을 요구했다. 그러나 조나라에서는 주지 않았다. 지백은 크게 노하여 군사를 이끌고 조나라 수도 진양을 포위했다. 그러자 한나라와 위나라가 밖에서 지백에게 반기를 들고, 조나라는 성안에서 맞받아치니 지백은 결국 멸망을 맞이했다. 여기서 중요한 점은, 아무 대가 없이 주는 것이 더 큰 힘을 발휘할 때가 있다는 것이다. 설사 당장 얻을 수 있는 결과가 아니더라도, 언젠가는 그 힘이 발현되기 마련이다.

• 겸손에 대한 명언 •

자만심을 누르는 것은
들판의 사자를 이기는 것 보다 어렵다.

칭기즈칸

강직함과 의연함, 소박함과 겸손함은 인(仁)에 가깝다.

공자

천하를 평정한 비결

혼자 모든 일을 하려 하거나,
모든 공적을 홀로 차지하려는 사람은
위대한 리더가 될 수 없다.

앤드루 카네기
—

한나라 유방은 초나라의 항우를 쓰러뜨리고 천하를 평정해 술잔치를 열었다. 그 자리에서 유방은 신하들에게 말했다.

"내가 천하를 쥐게 된 이유는 무엇인가?"

"폐하는 사람을 칼 같이 대하십니다. 반면 항우는 사사로운 정에 약한 모습을 보였습니다. 그리고 폐하는 영토를 얻으면 공이 있는 자에게 나눠 주셨습니다. 한편 항우는 의심과 질투가 많아 영토도 독차지했습니다. 이것이 그가 천하를 잃은 이유입니다."

유방은 신하의 말에 고개를 가로저으며 답했다.

"하나만 알고 둘은 모르는구려. 진영에서 짠 계략으로 천리 밖의 승리를 결정하는 점에서 나는 장량의 적수가 되지 못하오. 또한 내정의 충실이나 민생의 안정에서는 소하의 상대가 되지 못하오. 백만대군을 움직인다는 점에서 한신의 적수도 되지 못하오. 그러나 나는 그 대단한 인재를 다룰 수 있소. 이것이야말로 천하를 갖게 된 이유지. 항우는 범증이라는 한 사람의 인재조차 이용하지 못했소. 그래서 내 제물이 된 것이오."

암살자, 충신이 되다

용서하지 않는 사람은
자기가 지나야 할 다리를 부수는 사람이다.

조지 허버트

———

진나라 헌공은 문공을 미워한 나머지, 환관인 피에게 암살을 명령
했다. 피는 포성에서 문공을 칼로 베었는데, 옷소매만 잘려 나갔을
뿐 목숨은 끊지 못했다. 그후 헌공이 죽고 혜공이 즉위했는데, 장차
난처한 일을 피하기 위해 다시 문공을 죽이려 했으나 실패로 돌아
갔다. 계속된 위협에 시달리던 문공은 이후 19년 만에 왕위에 올랐
다. 그리고 얼마 후에 피가 알현을 청했다. 그러나 문공은 '나를 죽
이려던 잔인한 놈'이라고 말하면서 알현을 거부했다. 거절당한 피
는 사람을 통해 문공에게 말을 전했다.

"신하로서 군명은 어길 수 없는 일입니다. 군주가 미워하는 자를
제거할 때는 오직 실패만을 두려워할 따름이지요. 지금 폐하께서
왕위에 오른 이상, 지난날과 달리 저의 군주입니다. 환공이 자기를
죽이려고 했던 관중을 재상으로 삼았던 것을 생각해 보십시오."

이 말을 듣고 문공은 피를 만났다. 그리고 단지 충성을 다했을 뿐
이었던 피를 용서한 다음, 마침내 자기 사람으로 삼았다.

뱀과 개구리

친구란 무엇인가?
두 개의 몸에 깃든 하나의 영혼이다.

아리스토텔레스
—

중국 시문의 대가인 소식과 황정견은 둘도 없는 죽마고우였다. 하루는 서예에 대해 서로 담소를 나누던 중, 소식이 말했다.

"자네의 글씨는 날로 시원시원해지는구먼. 그런데 가끔 몇 군데를 보면 너무 가늘다는 생각이 드네. 꼭 나무 그루터기를 감고 있는 뱀처럼 말일세. 하하하!"

"정확한 지적에 놀라울 따름입니다. 그런데 사형師兄의 글씨는…."

"무엇을 주저하는가? 어서 말해 보게. 혹시 내가 자네의 평을 받아들이지 못할까 봐 그러는가?"

"사형의 글씨는 힘이 넘치지만, 어떨 때 보면 마치 바위에 눌린 개구리 같다는 생각이 듭니다."

황정견의 말이 끝나자마자 두 사람은 배를 잡고 구르며 웃었다.

약속은 약속이니…

믿음은 의리에 가까워야 실천할 수가 있으며,
공손함은 예의에 가까워야 치욕을 멀리할 수 있으며,
의지함은 친함을 잃지 않아야 그를 존경하고 받들 수 있다.

《논어》

———

외출 중, 옛 친구를 만난 오기는 그에게 식사 대접을 제안했다. 그러자 옛 친구가 말했다.

"좋지. 그런데 지금은 볼일이 있어서 갈 수가 없으니, 자네 먼저 집으로 가서 기다려 주게."

"알았네. 자네가 올 때까지 먹지 않고 기다리겠네."

둘은 일단 이렇게 헤어졌다. 그리고 오기는 옛 친구가 올 때까지 기다렸다. 하지만 그는 저녁이 지나도 오지 않았다. 오기는 밥을 먹지 않고 계속해서 친구를 기다렸다. 이튿날 아침, 오기는 사람을 시켜 옛 친구를 찾아 오도록 하였다. 그리고 친구가 오자, 비로소 함께 식사를 했다. 오기는 가벼운 말이라도 그 말에 책임을 지는 행동을 보이고, 쉽게 지킬 수 없는 약속도 믿음으로 지켜 나갔다.

유머로 쌓은 우정

웃음은 두 사람 간의 가장 가까운 거리다.

빅터 보르게

———

버나드 쇼와 처칠은 각기 문단과 정계라는 다른 분야에 몸담고 있었지만, 막역한 친구 사이였다. 버나드 쇼의 희곡이 런던에서 초연을 하던 시절, 그는 처칠에게 편지 한 통을 보냈다.

졸작의 입장권을 2장 보내네.
한 장은 자네 것이고, 또 한 장은 다른 친구에게 주게나.
만약 자네에게 친구가 있다면 말일세.

녹록지 않은 정치판에 지쳐있던 처칠은 친구 덕에 오랜만에 크게 웃을 수 있었다. 처칠은 곧 답장을 썼다.

미안하네, 친구. 오늘은 일이 있어서 못 간다네.
하지만 내일 저녁에는 친구와 함께 꼭 가겠네.
만약 자네의 희곡이 내일까지 공연을 한다면 말일세.

재치 있는 말은 사람의 마음을 끌어당긴다. 농담 속에는 웃음이 있고, 웃음은 관계를 돈독하게 만들 수 있다. 버나드 쇼와 처칠은 농담 뒤에 따뜻한 진심을 내비치며 서로의 우정을 키워갔다.

공자가 싫어하는 사람

**비난하거나 불평하는 것은 어떤 바보라도 할 수 있고,
대다수의 바보들이 그렇게 한다.**

벤저민 프랭클린

———

어느 날, 제자 자공이 스승인 공자에게 물었다.

"선생님께서는 어떤 유형의 사람을 싫어하십니까?"

그러자 공자가 말했다.

"내가 싫어하는 사람의 유형은 세 가지가 있네. 첫째는 남의 나쁜 점을 말하기 좋아하는 사람, 즉 타인의 실패를 즐거워하는 사람이 네. 둘째는 남의 밑에 있으면서 윗사람을 비방하는 사람, 즉 부하로 서 상사의 험담을 늘어놓는 사람이지. 셋째는 용감하기만 하고 난 폭한 사람, 즉 난폭함을 용기로 잘못 알고 있는 사람일세."

"몸의 자세를 높이거나 낮추는 것은
마음에 달려 있다."

《좌전》

인생을 바꾼 정직함

출세에 눈이 멀어 제 정신을 잃고,
세속에 휘둘려 본마음을 잃은 자를
'거꾸로 선 인간'이라고 한다.

장자

———

    프랑스의 재무 장관이었던 콜베르는 스물다섯 살 무렵, 어느 포목점의 직원으로 일했다. 어느 날, 그는 어느 은행가에게 옷감을 팔고 가게로 돌아왔다. 그런데 돌아와 보니, 옷감의 값을 잘못 알고 돈을 더 받은 것이었다. 콜베르는 자신을 말리는 포목점 주인의 손길을 뿌리치고 가게를 나섰다. 그리고 옷감을 사간 손님이 호텔에 숙박하고 있다는 사실을 알고 그를 찾아갔다. 잠시 후, 손님을 만나 진심으로 사과한 콜베르는 나머지 돈을 돌려주고 돌아왔다.

    그런데 이런 콜베르의 정직함에 넌더리가 난 포목점 주인은 결국 그를 해고하고 말았다. 이튿날, 은행가는 자신과의 사건으로 인해 콜베르가 일자리를 잃은 것을 알고, 그에게 자기가 경영하는 은행에서 일할 것을 제안했다. 그렇게 콜베르는 은행가를 따라 파리로 가서 은행원이 되었다. 결국 그의 정직함은 출세의 큰 발판이 되어, 콜베르를 재무 장관까지 올려놓을 수 있었던 것이다.

왕의 착각

어리석은 사람은 자기가 현명하다고 생각하지만,
현명한 사람은 자기가 어리석다는 것을 안다.

윌리엄 셰익스피어

———

위나라의 임금 무후가 신하들을 모아 놓고 회의를 열었는데, 누구 하나 무후보다 뛰어난 의견을 말하는 사람이 없었다. 이에 무척 만족한 표정의 무후를 본 오기가 그에게 말하였다.

"초나라 장왕이 신하들과 회의를 열었는데, 그 당시 누구 하나 장왕보다 뛰어난 의견을 말하는 자가 없었습니다. 이에 정무를 마치고 돌아갈 때, 장왕은 얼굴 가득히 슬픈 빛을 나타내고 있었습니다. 그래서 신하가 '어째서 그렇게 슬픈 얼굴을 하고 계십니까?'하고 묻자 장왕은 이렇게 대답하였다고 합니다. '어느 시대에도 성인은 있고 어느 나라에도 현자는 있다. 성인을 찾아 내어 스승으로 삼는 자는 왕이 되고, 현자를 찾아내어 벗으로 삼는 자는 천하를 다스리는 이가 된다고 하지 않았는가? 그런데 지금 나에게는 나보다 뛰어난 신하가 없음을 알았다. 이래서는 나라의 앞날이 걱정이다'라며 신하들의 무능을 슬퍼한 것입니다. 그런데 임금께서는 오히려 기뻐하고 계십니다. 이래서는 나라의 앞날이 위험하다는 생각을 떨쳐버릴 수가 없습니다."

태어나면서부터 현명한 이는 없다.

미겔 데 세르반테스

진격할 때에는 바람 같이, 멈출 때에는 숲처럼 조용하게,
공격할 때는 불 같이, 수비할 때에는 산처럼 움직이지 말라.
이것이 전쟁에 임하는 군의 태세다.

《손자병법》

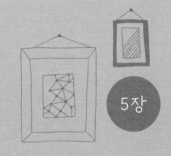

5장

세상을 대하는
한마디

공방전

진지한 사람이라면,
과거의 행동이 낳은 불쾌한 결과를 인정하는 용기가
도덕성을 기르기 위한 노력이라는 것을 안다.

존 듀이
—

링컨이 미국 상원 의원 후보로 나섰을 때, 그의 상대는 더글러스였다. 두 후보가 합동 연설을 하던 날, 더글러스는 링컨이 예전에 경영했던 식료품점에서 술을 팔았다는 사실을 트집 잡아 공격했다. 당시 미국은 술을 팔거나 마시면 안 되는 금주 운동이 벌어지던 시대였기 때문이다. 더글러스의 공격에 링컨이 곧바로 대답했다.

"더글러스 씨가 말한 것은 틀림없는 사실입니다. 그러나 당시 우리 주점에 오시는 고객 가운데, 가장 자주 술을 먹으러 오는 손님은 더글러스 씨였습니다. 그리고 한 가지 명백한 사실은 저는 지금 술집을 경영하고 있지 않지만, 더글러스 씨는 여전히 고객의 자리를 지키고 있다는 것입니다."

대작을 만든 묘수

지식을 배우려면 사고하고, 사고하고, 또 사고해야 한다.
나는 바로 이 방법으로 인해 과학자가 되었다.

알베르트 아인슈타인
—

   프랑스의 저명한 작가 빅토르 위고는 새로운 작품을 쓰기 위해 더욱 긴장 속에 살고 있었다. 그런데 친구들이 자주 그를 연회에 초청하고는 했다. 위고는 내키지 않았지만 예의를 생각해 부득불 가는 수밖에 없었으므로, 많은 시간을 허비하게 되었다. 그래서 그는 고민 끝에 한 가지 교묘한 방법을 생각해 냈다. 스스로 자기의 머리카락의 절반과 수염을 엉망으로 깎아 버리고는 가위를 내다 버린 것이다. 이러한 모습을 하고 나니, 밖에서 손님을 만나기가 민망하여 집에만 틀어박힐 수 있게 되었다. 위고는 이렇게 정력을 집중하여 창작에 힘을 썼고, 또 하나의 대작을 사람들에게 내놓을 수 있었다. 그는 이런 방법을 '합리적 방법'이라고 하였다.

썩은 계란

보잘 것 없는 이는 용맹을 다투지만
영웅은 지략을 다툰다.

중국 속담

───

하버드의 학생들은 명교수 코플랜드에게 인정받기 위해 필사적으로 공부했다. 그런데 학생들이 밤을 꼬박 새워 제출한 과제도 코플랜드의 손에만 들어가면 빠른 속도로 점수가 매겨졌다. 이 때문에 학생들 사이에서는 그가 첫머리만 잠깐 훑어보고 채점해 버린다는 소문이 돌기도 했다. 하루는 코플랜드에게 과제를 지적 받았던 4학년 학생이, 까다로운 교수를 골탕 먹이기 위해 공개적으로 발언했다.

"교수님, 저는 과제의 22페이지와 23페이지를 일부러 풀로 붙여서 제출했습니다. 그런데 교수님은 지금 그 사실을 모르고 계시니, 과제를 다 읽지 않으셨다는 것이 드러난 셈이 아닙니까?"

그러자 코플랜드 교수가 침착하게 대답했다.

"계란이 썩어 있는 걸 전부 먹어 보아야 알 수 있는가?"

되로 주고 말로 받는다

남에게 무례한 짓을 하면,
반드시 자신도 무례한 짓을 당하게 된다.

《좌전》
—

《신곡》을 지은 작가 단테가 친구들과 같이 식탁에 앉아 음식을 나누어 먹고 있었다. 그런데 단테의 오른쪽에 앉아 있는 친구가 고기를 먹고 난 뼈다귀를 상 밑으로 던진 다음, 발로 단테가 앉은 자리 밑까지 밀어놓았다. (당시 이탈리아에는 뼈다귀를 상 밑에 던지는 풍습이 있었다.) 그리고 식사가 끝날 무렵, 오른쪽에 있던 친구가 말했다.

"여러분! 이 상 밑을 좀 보십시오. 단테가 고기를 어찌나 많이 먹었는지, 상 밑에 뼈다귀가 산처럼 쌓였소."

이에 단테가 기다렸다는 듯이 말했다.

"여러분, 이 친구의 상 밑을 보십시오. 고기를 먹을 때 뼈다귀까지 모조리 다 먹어서 상 밑이 깨끗하군요."

오른쪽 친구는 단테를 대식가라고 놀리려 했지만, 단테는 그 친구를 고기 뼈다귀까지 먹어 치우는 대식가라고 한술 더 떠 맞받아쳐 준 셈이다.

소년과 트럼펫

**가지고 있는 어떤 재주든 사용하라.
가장 노래를 잘하는 새들만 지저귄다면,
숲은 너무도 적막할 것이다.**

헨리 반 다이크

———

한 서커스단이 지방에서 순회공연을 하던 중, 트럼펫 연주자가 빠지게 되었다. 그 바람에 새로운 연주자가 필요했는데, 마침 한 소년이 자원했다. 서커스단은 급하게 그 소년을 영입하면서 간신히 공연을 재개할 수 있었다. 그런데 소년이 부는 트럼펫이 자꾸만 엉뚱한 소리를 내는 것이다. 이에 화가 난 단장이 소리쳤다.

"넌 트럼펫을 불지도 못하면서 왜 들어오겠다고 한 거야?"

소년은 담담하게 대답했다.

"전 제가 트럼펫을 불 수 있을지 없을지 몰랐습니다. 여태껏 불어본 적이 단 한 번도 없으니까요."

사실 이 이야기 속 소년은 '디즈니랜드'의 창립자 월트 디즈니이다. 그는 이와 같은 자신의 경험담을 들려주며 이렇게 말하곤 했다.

"제게 불가능은 없다고 생각했습니다. 무슨 일이든 기회를 잡고 해 보고 싶었습니다."

세상의 이치

약한 것이 강한 것을 이긴다.

노자

스승이 위독하다는 전갈을 받고 달려간 노자는 그에게 마지막 가르침을 청했다. 그러자 스승은 갑자기 입을 쩍 벌리며 말했다.

"내 이가 아직 있느냐?"

"없습니다."

"그럼 내 혀는 남아 있느냐?"

"예, 그건 있습니다."

그러자 눈을 지긋이 감고 있던 스승이 눈을 번쩍 뜨며 말했다.

"그대는 내 말을 이해하겠는가?"

"단단한 것이 먼저 없어지고 부드러운 것이 남는다는 말씀이 아닌지요?"

노자가 이렇게 말하자, 스승은 빙그레 웃었다.

"그렇네. 천하의 이치가 모두 그 안에 있다네."

가짜 아인슈타인

**많은 공부와 지식이
곧 지혜로 연결되는 것은 아니다.**

헤라클레이토스

———

아인슈타인이 《상대성 이론》을 발표하며 세계적으로 명성이 높아지자, 사방에서 강연 요청이 들어왔다. 연일 계속되는 강연에 아인슈타인은 몹시 지쳐 있었다. 그런데 어느 날, 그의 전속 운전사가 그에게 농담조로 이렇게 말했다.

"박사님. 저도 박사님을 따라다니며 수십 차례 강연을 듣고 나니, 이제는 내용을 외울 정도가 되었습니다. 다음번에는 제가 박사님의 양복을 입고 강연하면 어떨까요?"

그러자 아인슈타인은 무슨 생각에선지 순순히 고개를 끄덕였다. 다음 강연 장소는 한 대학교였다. 두 사람은 도착하기 전에 차를 세운 다음, 서로 옷을 바꿔 입고 들어갔다. 가짜 아인슈타인 박사의 강연은 매우 훌륭했다. 말 한마디, 표정 하나까지 아인슈타인과 똑같았다. 강연을 성공적으로 마친 가짜 박사는 사람들의 박수를 받으며 연단을 떠나려 했다. 바로 그때, 돌발 상황이 일어났다. 한눈에 봐도 학식이 대단해 보이는 교수가 질문을 한 것이다.

"아인슈타인 박사님, 한 가지 질문이 있습니다."

그의 질문은 상대성 이론의 핵심에 관한 것으로, 매우 높은 수준이었다. 예상치 못한 상황에 연단 밑에서 운전사 복장을 하고 앉아 있던 아인슈타인은 어쩔 줄 몰라 당황했다. 그런데 연단 위의 가짜 아인슈타인은 태연한 기색으로 말했다.

"그 질문이라면 아주 간단하지요. 그 정도는 아마 제 운전사도 답변할 수 있을 겁니다."

그가 빙그레 웃으며 진짜 아인슈타인을 향해 소리쳤다.

"이보게! 자네가 교수님의 질문에 답해드리게나!"

아인슈타인은 비로소 안도의 숨을 내쉬고 나서 설명을 시작했다.

• 기지에 대한 명언 •

비상 상황에는 비상 대책을 써야 한다.

나폴레옹

흰 머리가 지혜를 낳는 것은 아니다.

메난드로스

군자는 꾀로, 소인은 눈치로

**군자는 먼 날을 생각하고,
소인은 가까운 것을 생각하여 따른다.**

《좌전》

———

제나라의 환공은 거나라를 치기 위해 관중을 불러 의논했다. 이 계획은 오로지 두 사람만 알고 있는 비밀이었음에도, 며칠이 지나자 전국에 소문이 퍼졌다. 그러자 이상함을 느낀 환공이 관중에게 어떻게 된 일인지 물었다.

"틀림없이 나라 안에 그럴 만한 위인이 있을 겁니다. 아마 그 사람의 입에서 나왔겠지요."

그런데 잠시 후, 동곽수라는 사람이 그들을 찾아왔다. 관중은 극진히 대접하며 맞은 다음, 그에게 물었다.

"제나라가 거나라를 칠 것이라는 말을 당신이 했지요?"

"그렇소."

"나와 임금 둘만이 아는 비밀이고, 아무도 입 밖에 낸 적이 없는데 어찌 아셨습니까?"

"군자는 꾀하기를 좋아하고, 소인은 눈치로 짐작한다고 하지 않습니까? 저도 눈치로 짐작했지요."

"참 용하게도 맞히셨군요."

"군자의 낯빛은 세 가지로 나눌 수 있습니다. 유연하고 즐거운 빛이 있고, 수심이 낀 빛이 있고, 발연한 빛이 있습니다. 이 중에 발연한 빛이 낯에 가득하면 전쟁을 일으키게 됩니다. 먼저 멀리서 왕의 낯빛을 바라보니, 전쟁을 준비하는 기색이었습니다. 게다가 당신이 팔을 들어 가리키는 방향이 남쪽이었지요. 남쪽에 있는 작은 제후들 중에 아직 복종하지 않은 곳이 거나라 밖에 또 있습니까? 그래서 거나라를 칠 것이라고 단정한 것입니다."

세계적인 캐릭터의 탄생

학문이라는 것은 굳게 하나를 배우는 것이다.

순자

—

　가난한 시골 목수의 아들로 태어난 월트 디즈니는 어릴 때부터 그림 그리기를 무척 좋아해서 틈만 나면 언덕에 올라가 마을 풍경을 그리곤 했다. 얼마 후, 디즈니의 가족은 대도시로 이사했다. 어느덧 청소년이 된 디즈니는 용돈벌이로 신문 배달을 하면서 만평에 눈을 뜨게 되었다. 그는 신문에 실린 만평을 그리는 만화가가 되고 싶어 했다. 이때부터 만화는 그의 유일한 희망이었고, 자존심이었다. 디즈니는 오랜 노력 끝에, 한 신문사의 만화가로 취직했다. 그런데 그가 그린 만화는 날마다 담당 국장의 혹독한 비평을 받았다.

　"이걸 그림이라고 그려 왔어? 차라리 그만두는 게 어떤가?"

　결국 그는 신문사에서 해고되고 말았다. 평생직장이라 생각하고 최선을 다했지만, 일터에서 쫓겨난 디즈니는 엄청난 실의에 빠졌다. 그는 며칠이 지나도록 마음의 갈피를 잡지 못해 이곳저곳을 방황하다가 결국 자신이 자랐던 시골 마을로 되돌아갔다. 디즈니는 교회의 어두컴컴한 지하 창고를 빌려 그림을 그렸고, 낮에는 잡일로 생계를 꾸려나갔다. 쥐가 들끓는 지하 창고의 어둠이 마치 디즈니 스스로의 모습처럼 느껴졌다.

그런데 바로 이 지하 창고가 보물 창고가 되리라고 누가 상상이나 했을까? 디즈니는 어느 순간부터 창고를 뛰어다니는 쥐들을 따뜻한 시선으로 바라보기 시작했다. 그에게 쥐는 더 이상 징그러운 존재가 아니었다. 아무도 자신의 재능을 인정해주지 않는 도시에서 떠밀리듯 시골 마을로 돌아온 그에게, 작은 쥐들은 더없이 다정하고 친근한 말벗이 되어 주었다. 그래서 디즈니는 초라한 창고에서 유일한 위안이 되어 준 꼬마 친구들을 화폭에 담기로 결심했다. 이후, 디즈니의 곁에는 날마다 수천수만 장의 쥐 그림이 늘어갔다. 바로 그 유명한 '미키 마우스'의 탄생이었다.

• 인내에 대한 명언 •

인내는 쓰지만 열매는 달다.

아리스토텔레스

근면과 기술로 불가능한 것은 거의 없다.
위대한 작품은 힘이 아닌, 인내로 일궈진다.

사무엘 존슨

누구의 아들인가

자기 자신을 알면 현명한 아버지이다.

윌리엄 셰익스피어

———

.

석유왕 록펠러가 여행 도중 한 호텔에 들어가서 지배인을 불렀다.

"내게 가장 싼 방을 하나 내어 주게."

지배인은 깜짝 놀라며 물었다.

"사장님, 왜 가장 싼 방을 찾으십니까?"

"내 솔직한 심정 같아서는 가장 값싼 호텔로 가고 싶었지만, 비서의 성화에 못 이겨 이곳으로 왔네. 그러니 방이라도 가장 싼 것으로 하려는 걸세."

"그렇지만 사장님의 아드님은 우리 호텔에 올 때마다 가장 비싼 방을 찾는 걸요?"

"그럴 수밖에!"

"왜 그러십니까?"

"나야 가난한 아버지 밑에서 자란 아들이지만, 그 녀석은 갑부의 아들이 아닌가!"

정치인의 자격

지배하는 것은 쉽다. 그러나 통치하는 것은 어렵다.

요한 볼프강 폰 괴테

———

신문 기자들이 처칠을 둘러싸고 물었다.

"정치인이 되려고 할 때, 바람직한 자격이란 어떤 것일까요?"

처칠이 얼굴을 찡그렸다. 그러자 기자들은 과연 그가 어떤 심오한 정치 철학을 이야기할지 기대에 부풀었다. 처칠은 이윽고 무겁게 입을 열었다.

"그것은 내일, 다음주, 다음달, 그리고 내년에 어떤 일이 일어날 것인지 예측할 수 있는 재능입니다."

말을 마친 처칠은 기자들이 자기의 말을 빠짐없이 메모했는지 확인한 다음, 이렇게 덧붙였다.

"그리고 시간이 지난 다음, 그 예측이 들어맞지 않은 이유를 설명할 수 있는 재능도 가져야 하지요."

왕과 사신의 설전

남에게 무례한 짓을 하지 말고,
남이 나에게 무례한 짓을 하도록 두지 말라.

윈스턴 처칠

―

하루는 초나라 왕이 제나라의 사신 안영을 초대해 놓고, 그의 작은 키를 빗대어 짓궂은 질문을 던졌다.

"당신의 나라에는 특출난 사람이 없어서 당신 같은 사람을 보낸 것이오?"

"우리나라에서는 상대 국가에 맞게 사신을 보냅니다. 큰 나라에는 큰 사람을 보내고, 작은 나라에는 작은 사람을 보내지요."

"아니, 뭐라고…!"

안영의 대답에 화가 난 초왕은 이튿날 그에게 복수하기 위해 포졸들에게 은밀한 지시를 내렸다. 자신과 안영이 뜰에 앉아 있을 때, 그 아래로 죄인을 묶어서 지나가라는 것이었다. 그리고 죄인이 지나가는 때를 맞춰서 왕이 물었다.

"여봐라, 그 죄인은 어느 나라 사람이냐?"

"제나라 사람입니다. 도둑질을 해서 붙잡았습니다."

초왕은 안영에게 거드름을 피우며 입을 열었다.

"제나라 사람들은 원래부터 도둑질을 잘 하오?"

초왕의 도발에도 안영은 평온한 기색으로 대답했다.

"강 남쪽에 귤이 있는데, 그것을 강 북쪽으로 옮겨 심으면 탱자가 되지요. 그것은 순전히 토질 때문입니다. 제나라 사람들이 제나라에 있을 때는 도둑질이 뭔지도 모르고 자랐는데, 그들이 초나라로 와서 도둑질을 하는 것은 초나라의 풍토 때문인 줄로 아옵니다."

기발한 입장료

**용감하고 현명한 사람은
성공의 건축가이다.**

타소

———

    청년 시절의 에디슨은 진귀한 장미 정원을 가지고 있었다. 정원의 입구에는 빗장을 놓아, 들어갈 때는 반드시 그 빗장을 밀고 들어가도록 해 두었다. 그런데 그 빗장이 어찌나 무거웠던지, 하루는 정원을 방문한 에디슨의 친구가 불평을 할 정도였다.

    "젠장! 잠그지도 않으면서 이렇게 무거운 빗장은 왜 달아 놓나?"

    가만히 지켜보고 있던 에디슨은 이렇게 설명하였다.

    "이건 쓸데없는 게 아니라네. 자네처럼 호기심 많은 사람이 들어올 때마다 에너지로 입장료를 내게 하는 거지. 자, 잘 보시게. 이 빗장을 한 번 밀면, 지붕 위의 물탱크에 35리터씩 물이 올라가게 되어 있다네. 어떤가?"

" 문제를 제기하는 것은
문제를 해결하는 것보다 더욱 중요하다. "

알베르트 아인슈타인

—

사람을 다스리는 지혜

가장 잘 통치할 수 있는 자가 통치해야 한다.

아리스토텔레스

───

　어느 날, 상나라의 태재가 부하를 시켜 시장을 살펴보고 오도록
했다. 순찰을 마친 부하가 돌아오자 태재가 물었다.

　"그래, 시장은 어떻더냐?"

　"별로 특별한 것이 없었습니다."

　"특별한 게 없더라도 네가 본 것을 말해 보아라."

　"시장의 남문 밖에 우마차가 몰려 있어서 통행하기가 매우 불편
했습니다."

　"내가 오늘 너에게 물어본 내용을 다른 사람에게 누설해서는 안
되느니라."

　부하가 물러간 뒤, 태재는 시장을 책임지고 있는 관리를 불러 추
궁하였다.

　"시장 남문 밖에 소똥과 말똥이 가득 쌓여 있는데, 왜 깨끗이 치우
지 않느냐?"

　이에 깜짝 놀란 관리는 속으로 생각했다.

　'아니, 태재가 어찌 그런 일까지 알고 있단 말인가?'

관리는 곧바로 남문 밖에 있는 똥을 말끔하게 치우고 시장을 정
돈했다. 상나라의 태재는 관리들에게 긴장감을 주기 위해 지혜로운
전략을 썼던 것이다.

목숨을 살린 임기응변

창의성은 거의 모든 문제를 해결할 수 있다.

조지 로이스

　왕희지는 어렸을 때 대장군 왕돈의 총애를 받았는데, 왕돈은 자주 왕희지를 자신의 침대에서 재우곤 했다. 어느 날 아침, 왕돈의 침실로 전봉이 찾아와 역모에 관한 밀담을 나누었다. 그런데 왕돈은 자기의 침대에 왕희지가 있다는 것을 잠시 잊고 있었다. 사실 이때 왕희지는 이미 깨어 있었고, 그들의 밀담을 듣고는 자기의 생명이 위태롭게 되었음을 깨달았다. 이 위험천만한 상황을 무마할 방법을 찾던 왕희지는 목구멍에 손을 넣어 일부러 토한 후, 자기의 얼굴과 이불을 모두 더럽히고는 계속 깊은 잠에 빠져 있는 것처럼 꾸몄다.

　한편 왕돈은 전봉과 밀담을 나누던 도중 왕희지가 침상에 있다는 것을 깨달았고, 어쩔 수 없이 아이를 없애야 한다고 생각했다. 그러나 휘장을 젖히고 보니, 왕희지는 코를 골며 자고 있었고 토한 것이 사방에 널려 있었다. 이 광경을 본 그들은 아이가 자고 있었을 것이라 믿었고, 이로 인해 왕희지는 목숨을 부지할 수 있었다.

적에서 편으로

**직위가 사람을 높이는 것이 아니라,
사람이 직위를 빛나게 한다.**

마키아벨리

———

링컨이 대통령 선거에 출마할 당시, 시카고의 유력 후보 몰튼은 링컨의 인기에 반발심을 느끼고 있었다. 그래서 링컨이 후보자로 나섰을 때에도 몰튼은 조금도 도와주지 않았다. 하지만 결국 선거는 링컨의 승리로 끝났고, 시카고의 어느 호텔에서 당선 축하연이 열렸다. 그리고 몰튼도 그 자리에 참석해서 인사 차례를 기다리고 있었다. 이윽고 그의 순서가 다가왔을 때, 링컨은 상냥하게 웃으면서 말을 걸었다.

"몰튼 군, 자네는 단지 참석자 중 한 사람이 아닐세. 이리로 오게. 언제나 내 곁에 있지 않으면 곤란해."

이 한마디로 링컨에 대한 몰튼의 반발심은 눈 녹듯이 사라졌다. 이후, 몰튼은 링컨의 좋은 친구이자 강력한 지원자가 되었다.

밧줄에 갈린 희비

용기 있는 사람이라면,
촛불이 타고 남은 찌꺼기처럼 살아가는 것보다는
차라리 꺼지는 편을 선택할 것이다.

롤리

———

카네기는 회사의 직원 채용 시험에서 화물을 포장한 밧줄 풀기를 시험 과목에 넣었다. 그런데 시험 결과는 뜻밖이었다. 밧줄을 꼼꼼히 차례대로 푼 사람은 모두 불합격이고, 포장한 밧줄을 칼로 댕강댕강 잘라버린 사람은 합격인 것이다. 카네기는 결과를 발표하며 이렇게 말했다.

"지금은 속도가 중요한 시대인데, 밧줄 풀기에 시간을 다 쓰면 다른 일은 언제 본단 말인가? 그런 비능률적인 사원은 필요가 없네."

장군의 배려

친절한 말은 짧고 하기 쉽지만,
그 말이 주는 울림은 무궁무진하다.

마더 테레사

——

어느 날, 영국의 여왕이 성대한 연회를 열었다. 연회장에는 유명 인사와 귀족은 물론, 장군과 병사들까지 초대되었다. 잠시 후, 요리가 나오기 시작하고 각자의 테이블 앞에는 식사 전 손을 씻는 용도의 물이 담긴 핑거볼이 배달되었다. 그런데 이때, 한 시골 출신의 병사가 핑거볼의 물을 마셔 버렸다. 이 장면을 본 사람들은 일제히 웃음을 터뜨렸다. 그러자 병사는 빨개진 얼굴로 영문도 모른 채 당황했다. 그 순간, 웰링턴 장군이 벌떡 일어나서 외쳤다.

"존경받는 신사 숙녀 여러분! 자, 용감한 용사를 따라 우리도 이 물로 건배하지 않겠습니까?"

장군의 말에 우레와 같은 박수가 나왔고, 모두 앞에 놓인 핑거볼을 들고 건배를 외쳤다.

"건배!"

일개 병사의 창피 정도는 못본 척 넘어갈 수도 있었겠지만, 웰링턴 장군은 결코 그러지 않았다. 자신보다 낮은 지위의 사람일지라도 소중히 여기는 마음에서 나온 배려인 것이다.

살이 찐 이유

자기 자신을 이기는 것이 바로 강한 것이다.

노자

———

어느 날, 공자의 제자인 자하와 증자가 만났다. 증자는 자하의 살찐 모습을 보고 물었다.

"그대는 왜 그렇게 살이 쪘는가?"

"전쟁에서 승리했기 때문에 살이 쪘소."

"그게 무슨 말이오?"

"내가 집 안에 앉아 책을 읽을 때는 선현의 도의를 배우는 것을 영광으로 생각했소. 밖에 나와서는 부귀한 자의 환락을 보며 이 또한 동경했지. 이 두 가지가 내 가슴 속에서 싸우며 그 승패를 가리지 못했기 때문에, 그 동안은 걱정으로 핼쑥할 수밖에 없었네. 그러나 이제는 선현의 도의가 승리해 정신이 확립되고 부를 동경하지 않게 되었으니 이렇게 살이 찐 것이오."

뒤바뀐 운명

자만은 인간이
자신을 과대평가하는 데에서 생기는 기쁨이다.

스피노자

———

클린턴 부부의 자동차가 고속도로를 달리다 그만 고장이 나는 바람에 멈춰 서 있었다. 이때, 자동차 수리소에서 한 직원이 뛰어왔다. 그를 본 힐러리가 남편 클린턴에게 귓속말을 했다.

"여보, 저 사람이 저의 첫사랑이었어요."

"저 사람과 결혼을 하지 않은 게 다행이군. 만약 그랬다면 당신이 어떻게 영부인이 될 수 있었겠소?"

남편을 물끄러미 바라보던 힐러리가 냉정하게 대답했다.

"아니, 만약 내가 그와 결혼했다면 지금 저 남자가 바로 대통령이었겠죠."

언제나 감사한다네

진정으로 웃으려면 고통을 참아야 하며,
나아가 고통을 즐길 줄 알아야 한다.

찰리 채플린

———

미국의 발명가 에디슨은 어린 시절 무척 가난하여 늘 기차간에서 사탕과 과자, 신문을 파는 일을 했다. 한번은 신문을 팔고 있었는데, 독하기로는 뱀보다 더 독하고 힘은 황소보다 더 센 기차 관리원이 에디슨의 뺨을 후려쳤다. 이 사건으로 인해 에디슨은 청력을 잃게 되었다. 그 후, 위인이 된 에디슨은 항상 이렇게 말했다.

"나는 언제나 그에게 감사한다네. 이 시끄러운 세상에서 날 조용하게 살 수 있도록 해 주었으니 말이야. 실험할 때도 귀를 막을 필요가 없다네."

내기에서 이기는 법

**탁월한 능력은 새로운 과제를 만날 때마다
스스로 발전하고 드러난다.**

발타자르 그라시안

—

  괴테가 친구들과 여행을 하고 있을 때, 호텔에서 한 장관이 거만을 떨며 모두의 눈살을 찌푸리게 했다. 그때, 친구들 중 한 명이 이렇게 말했다.

  "누군가 저 장관의 커다란 코를 꽉 쥔다면 얼마나 통쾌할까?"

  이 말을 듣고 괴테가 내기를 제안했다.

  "내가 쥐어 보지. 어때? 돈을 걸어!"

  친구들은 무리한 짓이니 하지 말라고 말렸지만, 괴테는 그들에게 10분 후에 로비로 오라는 말만 남기고 사라졌다. 잠시 후, 친구들이 로비로 가보니 진짜로 괴테가 장관의 코를 쥐고 있었다. 알고 보니 괴테는 이발사로 변장한 다음, 면도를 하는 척하며 장관의 코를 잡을 수 있었던 것이다.

위기 탈출의 꾀

하늘은 용기 있는 자의 편이다.

베르길리우스

초나라 오자서는 임금에게 죄를 짓고 서둘러 초나라를 벗어나던 중, 국경 수비군에게 붙잡혔다. 오자서는 이 위기를 어떻게 하면 모면할 수 있을까 잠시 생각하다가 꾀를 내어 말하였다.

"임금께서 나를 쫓는 이유가 무엇인지 아는가? 그것은 내가 아름답고 값진 보석을 가지고 있기 때문이다. 그런데 급히 오는 바람에 그만 보석을 잃어버리고 말았다. 만일 네가 나를 붙잡는다면, 네가 보석을 빼앗아서 입으로 삼켰다고 고해바칠 테다. 그러면 잔혹한 임금은 너를 죽인 다음, 배를 갈라서 보석을 찾을 것이다."

오자서의 말에 덜컥 겁이 난 국경 수비군은 결국 그를 놓아주고 말았다.

범인은 바로 너

**하늘이 내리는 불행은 피해도
스스로 만드는 불행은 피할 수 없다.**

《역경》

———

조조의 집 후원에는 열매를 잘 맺는 비파나무 한 그루가 있었는데, 조조는 이 나무를 너무 아꼈던 나머지 그 누구도 손을 대지 못하게 했다. 오죽하면 몰래 비파의 개수까지 세어 둘 정도였으니 말이다. 어느 날, 조조가 외출로 집을 비운 사이 그의 부하 한 명이 비파한 개를 따먹었다. 이윽고 집에 돌아온 조조는 비파 하나가 없어진 것을 한눈에 발견했다. 그는 의심스러운 부하 몇 명을 불러 일을 시키는 척 하면서 넌지시 속을 떠보았다.

"잠깐, 생각해 보니 이 비파나무가 별 실속도 없이 여러모로 방해만 될 것 같다. 그만 나무를 베어버려라!"

그런데, 조조의 말이 끝나자 선뜻 말참견을 하는 부하가 있었다.

"아니, 주인님! 그렇게 맛있는 비파를 왜 베어 버리십니까?"

"내 지시를 어기고 비파에 손을 댄 녀석이 바로 네 놈이로구나!"

결국 비파를 훔친 도둑은 자신의 잘못을 인정할 수밖에 없었다.

뜻을 세우고, 일하고, 성공하는 것은
인류 활동의 3대 요소이다.
뜻을 세우는 것은 열매의 시작이고,
일을 하는 것은 그것이 무르익어 가는 과정이다.
이 과정의 끝에는 그간의 노력을 보상하는
성공이 기다리고 있다.

루이 파스퇴르

성공의 커다란 비결은
결코 지치지 않는 인간으로
인생을 살아가는 것이다.

알베르트 슈바이처

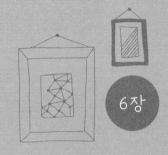

6장

최고가 되는
한마디

의사가 된 문학 청년

할 수 없다고 말하지 말라.

《상서》

—

어느 날, 클로드 베르나르라는 청년이 자신이 쓴 대본을 극작가에게 보여주었다. 극작가는 잠시 그의 대본을 보고 나서, 문학가로서 별다른 재능이 없음을 발견하고 자신의 심정을 솔직히 털어놓았다.

"미안하지만, 내 생각에 자네는 문학보다는 의학 방면으로 나가는 편이 좋을 것 같네."

극작가의 말을 듣고 잔뜩 풀이 죽은 베르나르는 살아갈 의욕조차 잃었다. 하지만 시간이 지나, 결국 극작가의 지적이 옳다는 것을 깨닫게 되었다. 그때부터 베르나르는 본격적으로 문학에 대한 관심을 끊어버리고, 생리학 연구에 온 힘을 기울였다. 훗날 그는 생체에서 글리코겐이 합성된다는 사실을 발견하여, 생리학 사상 불후의 공적을 이루었다.

성공을 향한 동력

**성공에는 어떤 속임수도 없다.
나는 나에게 주어진 일에 최선을 다했을 뿐이다.**

앤드루 카네기

—

휘트니는 농부의 아들로 태어났지만, 한 회사의 사장이 되는 것이 꿈이었다. 처음에 휘트니는 식료품 체인점의 직원으로 취직했다. 그는 모든 일에 성실한 태도를 보였다. 소매부 소속이었던 그는 점심 시간에는 짬을 내어 도매부의 일까지 도와주었다. 이것이 담당 부장의 눈에 띄었고, 부장은 더 좋은 자리가 났을 때 휘트니를 추천하였다.

그 후, 휘트니는 점원에서 외판원으로, 부장으로 그리고 마침내 미국의 블루문 치즈 회사를 창립해 사장의 꿈을 이루었다. 성공다운 성공이 드물고, 실패하는 사람이 많은 이 세상에서 이처럼 큰 성공을 거둔 비결은 무엇일까? 학력도, 노력도, 남다른 사교술도 아니다. 오로지 그의 꿈과 목표가 확고했기 때문이다.

깜빡 잊었네!

만물을 낳고 기르는 것에 있어
낳고도 갖지 않으며, 하고도 자랑하지 않으며,
키우고도 지배하지 않는데 이를 가리켜 현덕이라고 한다.

노자

———

쇼펜하우어는 온종일 서재에 틀어박혀서, 시간도 까맣게 잊은 채로 꼼짝없이 책만 읽었다. 그를 보다 못한 가정부가 걱정스럽게 서재의 문을 두드렸다.

"선생님, 이제 저녁 드실 시간이에요. 뭘 좀 드셔야지요."

"이제 거의 다 끝났어요. 곧 나갈 거예요."

이윽고 쇼펜하우어가 서재 문을 열고 밖으로 나왔다. 그는 함박웃음을 지으며 말했다.

"하하하, 이렇게 훌륭한 책은 처음 봤소. 정말 감동적이란 말이야!"

"무슨 책이기에 그렇게 극찬을 하세요?"

"도대체 어떤 사람인지 한번 만나보고 싶을 정도라니까. 아무튼 그 사람은 천재 중의 천재야."

"정말 굉장하군요. 그 책의 제목이 뭔데요?"

"어이구, 내 정신 좀 봐. 깜빡 잊고 제목을 안 봤군. 잠깐만 기다려요. 얼른 가서 보고 올 테니까."

쇼펜하우어는 재빨리 서재에 들어갔다가 나왔다.

"선생님, 무슨 책이에요?"

"《의지와 표상으로서의 세계》라는 책이더군요."

"예?"

가정부는 어이가 없는 나머지, 입이 딱 벌어졌다. 그러자 쇼펜하우어가 알 수 없다는 표정을 지으며 말했다.

"왜 그래요?"

"아뇨, 선생님! 그 책은 바로 선생님이 쓰신 거잖아요."

"뭐? 내가 썼다고?"

갑자기 눈이 휘둥그레진 쇼펜하우어는 급히 서재로 뛰어 들어갔다. 잠시 후, 저자를 확인하고 난 그가 유쾌하게 웃으며 나왔다.

"하하하! 기가 막히게 잘 썼다 했더니만, 내 책이었군!"

역발상의 힘

적절한 때를 만난 아이디어보다 강한 것은 없다.

빅토르 위고

———

위나라의 군략가 사마의는 군사를 이끌고 제갈량이 차지하고 있는 성을 향해 기세 사납게 돌진해 왔다. 성문 앞에 다다른 사마의는 뜻밖에도 성문을 활짝 열어놓고 성루에 앉아 한가롭게 거문고를 만지고 있는 제갈량을 발견하였다. 사마의는 성안에 분명히 엄청난 군대가 매복해 있을 것이라고 판단하여, 진격할 생각을 버리고 말머리를 돌려 후퇴하였다.

하지만 당시 성안에는 제갈량이 이끄는 촉군의 주력 군사 대신, 일부 문인과 노약자, 병자들만 있었다. 사실 그들의 입장에서는 성문을 굳게 닫고 군대가 구하러 오기를 기다리는 것이 가장 평범한 방법이었다. 하지만 그들은 오히려 성문을 열어젖히고, 한가롭게 거문고를 튕기고 있는 모습을 보여줌으로써 손 하나 까딱하지 않고 승전보를 울리게 된 것이다. 제갈량이 강력한 사마의를 물리칠 수 있었던 것은 바로 적절한 때에 역발상을 이용했기 때문이다.

상호 보완

누군가는 성공하고 누군가는 실수할 수도 있다.
하지만 이런 차이에 너무 집착하지 말라. 타인과 함께,
타인을 통해서 협력할 때에 비로소 위대한 것이 탄생한다.

생텍쥐페리

———

티코 브라헤는 덴마크의 저명한 천문학자이다. 그는 비범한 관찰력을 가지고 있었지만, 이론에 대한 연구는 게을리 하여 결론을 내릴 때 자주 착오를 겪었다. 자신의 단점을 깨달은 그는 독일의 천문학자 케플러를 초청하여 함께 일했다. 케플러는 비록 관찰력에서는 티코보다 부족했지만, 이론 연구 방면에서는 훨씬 뛰어난 재능이 있었다. 그렇게 티코는 케플러와 협력하여, 세상을 놀라게 한 '케플러의 법칙'을 발견했다.

만약 두 사람 가운데 어느 한 사람이라도 없었다면 이처럼 위대한 법칙을 발견하지 못했을 것이다. 그들은 서로가 긴밀하게 협력하고 소통하며 연구하는 과정을 가졌기에, 천문학에서 역사적인 성취를 이룩할 수 있었던 것이다.

생각을 뻗어라

**사람은 누구나 자기가 가진 시야의 한계를
세계의 한계로 간주한다.**

쇼펜하우어

―

어느 날, 혜자가 친구 장자에게 말했다.

"이전에 자네에게서 표주박 씨앗을 얻었지. 그것을 심었더니 표주박이 달렸는데, 너무나 커서 그 속에 물이 다섯 말이나 들어가더구면. 너무 무거워 도저히 들어 올릴 수가 있어야지. 그래서 두 개로 잘라서 사용하려 했는데, 그것도 너무 커서 물동이 속에 들어가질 않는 거야. 결국 아무런 쓸모가 없어서 깨뜨려 버렸다네."

혜자의 말을 듣고 장자는 이렇게 말했다.

"안타깝지만 자네는 큰 물건을 쓸 줄 모르는구면. 물건이란 쓰기에 달려 있는 것일세. 물이 다섯 말이나 들어가는 표주박을 가지고 있었다면, 그것을 배로 만들어서 강이나 호수에 띄워야겠다는 생각은 못했나? 너무 커서 물동이에 들어가지 않는다고 불평만 늘어놓는 것은 스스로 고정 관념에 얽매인 것을 고백하는 꼴이 아닌가."

사람은 고정 관념을 벗어나 머리를 쓰면 발전할 수 있고, 명예와 부를 다스릴 수 있으며, 성공을 거머쥘 수 있다.

블루오션

천재의 특징은 평범한 이가 깔아 놓은 레일에
자기의 사상을 태우지 않는 것이다.

스탕달

—

미국 캘리포니아 주에 금광이 발견되자 열일곱 살 아모르도 일확천금의 꿈에 들떠 수많은 사람들과 함께 캘리포니아로 갔다. 그런데 아모르는 막상 캘리포니아에 와 보니 꿈을 이루는 것이 쉽지 않다는 것을 체감했다. 금을 캐는 일은 점점 어려워졌고, 먹고 마시는 것이 새로운 문제로 발생하였다. 건조한 기후는 특히 물의 가치를 황금만큼이나 귀하게 만들었다.

'누가 물만 배부르게 마실 수 있게 해 주면 금화 두 닢이라도 주겠다'는 말이 사람들 사이에서 쉴 새 없이 터져 나왔다. 그 순간 아모르는 기발한 생각이 떠올랐다.

'금을 캐는 것보다, 아예 물장사를 하는 것이 어떨까?'

물을 팔겠다는 생각을 굳힌 아모르는 과감하게 금 캐는 일을 포기하고 물장사에 뛰어들었다. 그는 물을 주전자에 담아서 금광을 돌아다니며 물을 팔기 시작했다. 갈증에 허덕이던 사람들은 저마다 금화를 주고 물을 사 마셨다.

당시 일확천금을 꿈꾸며 캘리포니아로 모여드는 사람은 점점 늘어났지만, 그중 누구 하나 큰 돈을 벌었다는 사람은 없었다. 그러나 아모르는 이 기간 동안 물을 팔아 6천 달러를 벌었다. 그 당시 6천 달러의 가치는 결코 적지 않았다. 아모르는 번뜩이는 전략으로 일순간 미국의 갑부이자 뛰어난 사업가로 변신했다.

습관이 낳은 부자

한 푼 아낀 것은 한 푼 번 것이나 마찬가지다.

벤저민 프랭클린

―

하루는 존 머레이가 촛불을 켜 놓고 밤이 늦도록 책을 읽고 있는데, 웬 할머니 한 명이 찾아왔다.

"무슨 일로 오셨습니까?"

"부탁드릴 일이 있어서요. 잠시 안으로 들어갈 수 있을까요?"

"그럼요. 어서 들어오세요."

"책을 읽던 중이셨군요."

"네, 그런데 무슨 일로 오셨지요?"

그러면서 머레이는 두 개의 촛불 중에서 하나를 급히 껐다.

"이렇게 밤늦게 찾아뵈어 죄송합니다. 실은 낮에 찾아오려고 했지만, 낮에는 바쁘실까봐 일부러 밤에 왔습니다."

"찾아오신 용건은요?"

머레이는 할머니가 밤늦게 찾아온 데에는 그만큼 피치 못할 사정이 있을 것이라고 생각하며 물었다.

"실은 선생님께 기부를 좀 해 주십사 하는 부탁을 드리려고 왔습니다만…"

"기부라니요?"

"얼마 전에 이 거리에 세워진 학교가 요즘 재정난으로 허덕이고 있습니다. 그래서 얼마든 선생님께 기부금을 부탁드리기로 의견이 모아져, 이 늙은이가 찾아온 것입니다. 적은 돈이라도 좋으니 도와주시길 바랍니다."

"잘 알았습니다. 수고가 많으시군요. 제가 할 수 있는 데까지 도와드리겠습니다."

"감사합니다. 정말 감사합니다. 선생님."

머레이는 잠시 생각에 잠겨 있다가 낮은 소리로 말했다.

"5만 달러 정도면 어떨까요?"

"네? 5만 달러요?"

"그렇습니다. 놀라시는 걸 보니 액수가 적어서 그런가요?"

"적다니요! 그런 뜻이 아닙니다. 실은 아까 두 개의 촛불 중에서 한 개를 서둘러 끄시는 것을 보고 오늘 일은 틀렸다고 생각했습니다. 그런데 그렇게 큰 돈을 내놓으시겠다니… 너무 기쁘고 놀라워서 어쩔 줄 모르겠습니다."

"할머니. 글을 읽을 때는 두 개의 촛불이 필요하지만, 이야기하는 데는 촛불 하나로도 충분하지 않습니까? 그깟 촛불 하나에 그처럼 인색할 게 뭐냐고 하실지도 모르지만… 오늘날까지 이렇게 살아왔기 때문에 지금 5만 달러를 기부할 수 있는 것입니다."

할머니는 머레이의 말에 깊은 감명을 받았다. 그리고 그가 하루아침에 대부호가 된 것이 아님을 깨달았다.

포용의 힘

약한 자는 절대 누군가를 용서할 수 없다.
용서는 강한 자의 특권이다.

마하트마 간디

———

대통령에 출마한 링컨을 비난하고 헐뜯었던 자가 있었는데, 바로 스탠턴이었다. 그는 심지어 링컨을 이름 대신에 '깡마르고 무식한 자'라고 부르기까지 했다. 그런데 링컨은 대통령에 당선되자, 주위의 반대를 무릅쓰고 스탠턴을 국방 장관으로 임명했다.

"스탠턴은 비록 나를 비난했지만, 국방 장관으로는 적임자이다. 지도자는 공과 사를 구별할 수 있어야 한다."

시간이 지난 후, 대통령 암살 사건이 있었을 때, 스탠턴은 울먹이며 링컨을 추모했다.

"링컨은 역사적인 인물이다. 그의 사랑은 사람을 변화시키는 힘이 있다. 링컨은 이 시대의 위대한 창조자이다."

링컨은 포용을 통해 스탠턴을 이렇게 바꿔 놓았다. 누군가에게 무시를 받았을 때, 할 수 있는 최선의 복수는 바로 그를 포용하는 것이다. 포용은 나를 무시하던 사람도 나를 사랑하는 사람으로 만든다.

1달러가 만든 성공

정직만큼 풍요로운 유산은 없다.

윌리엄 셰익스피어

———

백화점계의 거물인 존 워너메이커는 어린 시절 벽돌 공장의 별 볼일 없는 직공이었다. 그는 지독한 노력가였는데, 잠은 하루에 단 3시간만 잘 정도였다. 그리고 노동이 끝나면, 근처 교회에서 공부를 했다. 얼마 후, 그는 다니던 벽돌 공장을 그만 두고 어느 서점으로 직장을 옮겼다. 서점의 직원으로 책을 팔던 어느 날, 워너메이커는 손님으로부터 1달러를 더 받는 일이 있었다. 뒤늦게 이를 발견한 워너메이커는 이 손님을 찾는데 무척 애를 썼으며, 마침내 손님을 찾아서 그 1달러를 되돌려 주었다.

그리고 이 사건이 인연이 되어, 그는 손님이 경영하고 있는 양복지 도매상의 점원으로 이직하게 되었다. 워너메이커는 여기에서 5년 동안 일하며 1900달러를 저축했고, 이 돈으로 자립을 결심했다. 그리고 꾸준히 노력한 결과, 10년 후에는 세계 최초의 백화점을 필라델피아에 세웠으며 1896년에는 뉴욕시에 백화점을 열었다. 단 1달러라도 부당한 이익은 챙기지 않겠다는 정직함과 끈기, 그것이 워너메이커의 성공 철학인 것이다.

찰리 채플린의 탄생

스스로를 신뢰하는 것은
성공으로 가는 제일의 비결이다.

랄프 왈도 에머슨

—

어느 날, 영화감독 세네트가 채플린을 불렀다.

"이봐, 뭐라도 좋으니까 희극 분장을 하고 와 봐."

감독의 갑작스런 요구에 당황한 채플린은 분장실로 향했다. 그런데, 문득 헐렁한 바지에 커다란 구두, 지팡이와 작은 중절모에 콧수염이라는 특이한 조합이 떠오르는 것이었다. 떠오른 대로 의상을 입고 화장을 마치자 채플린은 전에 없던 독특한 캐릭터로 태어났다. 그는 곧바로 감독 앞으로 가서 지팡이를 흔들며 걸어 보였다. 솟아 나오는 개그와 아이디어를 펼치자 감독은 몸을 흔들면서 웃었다. 폭소의 파도는 이윽고 전 세계 영화관으로 확대되었다. 독특한 분장을 한 사람이 연기하는 전대미문의 풍자 희극에 사람들은 열광했다. 채플린은 스치듯 떠오른 분장 하나로 희극의 새로운 영역을 개척한 것이다.

철의 의지

군주가 문제를 결정하지 못하고 망설이며,
본성이 유약하고, 결단력이 없고, 좋고 나쁨을 구별하지
못하며, 자기의 입장을 고수하지 못하면 나라가 망할 것이다.

한비자
—

　1981년, 수차례 폭력 활동을 주도한 죄로 수감 생활을 하고 있던 북아일랜드 공화군의 일원인 샌즈가 있었다. 그는 영국 정부가 공화군 수감자의 정치범 지위를 없애고 일반 형사범으로 취급하게 된 것에 반발하여 단식 투쟁을 강행했다. 하지만 마거릿 대처 수상은 이에 대해 단호하게 대응했다. 샌즈를 비롯한 수감자들이 살인과 방화를 일삼았으므로 정치범의 대우를 받을 만한 자격이 없다는 것이었다. 그러자 샌즈 또한 "나는 끝까지 단식을 할 것입니다. 성공하지 못한다면 정의를 위해 나 자신을 희생하겠습니다"라고 대외적으로 선언했다.

　이 사건은 곧 국제 사회의 주목을 받았고, 영국 정부를 향한 각계의 비난이 이어졌다. 그러나 대처 수상은 변함없이 단호한 입장을 고수했다. 결국 샌즈는 단식 66일 만인 5월 5일, 교도소에서 숨을 거두었다. 이 소식이 전해지자 영국 전역에서 소요 사태가 일어났고, 국제적으로도 아일랜드, 미국, 프랑스, 호주 등 다수 국가에서 대규모 항의 운동이 일어났다.

대처 수상은 국내외의 압력과 자신에게 집중된 모든 비난에도 굴하지 않고 자신의 입장을 고수했다. 공화군 수감자들의 요구를 들어주는 것은, 곧 무고한 사람들을 죽일 수 있는 권리를 부여하는 것과 같다는 것이었다. 그리고 샌즈를 따라 단식을 하는 자들은 스스로 고통을 자처하는 행동이므로, 정부는 결코 이에 간섭하지 않을 것이라고 선언했다. 샌즈가 죽은 후에도 이어진 단식 투쟁은 1981년 10월 3일을 끝으로 중단되었다. 결국 이 투쟁은 대처 수상의 '철의 의지'로 끝을 맺은 셈이다.

• 의지에 대한 명언 •

자신의 능력을 믿어야 한다.
그리고 끝까지 굳세게 밀고 나가라.

로잘린 카터

나약한 태도는 성격도 나약하게 만든다.

알베르트 아인슈타인

똑똑한 사람도 때로는 어리석다

**곤란한 문제는 조급히 해결하려 하지 말고,
한 걸음 물러서서 생각하는 것이 현명하다.**

찰스 슈바프

———

촉나라 유비의 곁에는 본래 인재가 많지 않았다. 그래서인지 유독 제갈량은 하나부터 열까지 모든 일에 관여하고, 사서 고생하는 버릇이 있었다. 결국 제갈량은 일을 하던 중에 피를 토하기도 했지만, 자신의 마지막 생명이 다할 때까지 꾹 참고 견디었다. 오늘날에도 많은 사람들이 그의 국궁진췌한 삶에 경의를 표하고 있다.

그러나 일생을 총명하게 살았던 사람도 때로는 어리석어지곤 한다. 제갈량은 나라에 생기는 크고 작은 모순들과, 도처의 위기들을 모두 혼자 힘으로 해결할 수 있다고 생각했다. 최선을 다해 일하고자 했지만, 등잔 밑이 어두운 것처럼 정작 자신의 방식에 문제가 있다고는 생각지도 못한 것이었다.

아무리 뛰어난 사람이라도, 어려운 문제를 만났을 때에는 한 걸음 물러서서 객관적으로 생각하는 것이 중요하다.

" 목적이 없는 공부는 기억에 해가 될 뿐이며,
머릿속에 들어온 그 어떤 것도 기억하지 못한다. **"**

레오나르도 다빈치

——

마음을 돌린 세 마디

사냥꾼은 개로써 토끼를 잡고,
아첨하는 자는 칭찬으로써 어리석은 자를 잡는다.

소크라테스
—

　제나라의 재상 정곽군은 '설'이라는 곳에 영지를 갖고 있었는데 그곳에 자기의 성을 쌓으려고 했다. 그러자 그의 곁에 있는 사람들은 이를 말렸다. 하지만 이미 마음의 결정을 내린 정곽군은 계속되는 사람들의 진언에 진절머리가 났다. 그래서 그는 자기를 찾아오는 자들에게 엄포를 내렸다.

　"이제 그만 됐으니, 앞으로 그 누구도 진언하지 말아라."

　그런데 얼마 후, 한 사람이 찾아와 진언을 하려 했다. 그는 꼭 세 마디만 말씀드리고 싶다며, 그 이상 말하면 자신을 끓는 가마에 넣어도 좋다고 하였다.

　"해海, 대大, 어魚!"

　약속을 지킨 그는 잽싸게 달려 나가려고 하였다. 분명히 단 세 마디였지만, 정곽군은 그 말이 무슨 뜻인지 도무지 알 수가 없었다.

　"잠깐, 기다려!"

　정곽군이 저도 모르게 소리를 지르자, 그 사람이 말했다.

　"약속대로 세 마디입니다. 더 말해서 죽고 싶지는 않습니다."

"그런 염려는 말고, 어디 한번 자세히 말해 보게."

정곽군이 안심시키자, 그는 이렇게 대답하였다.

"큰 물고기를 알고 계시겠지요. 너무 커서 그물에 걸리지도 않고, 낚시로 낚아 올릴 수도 없습니다. 하지만 그렇게 큰 물고기라 해도, 일단 바닷물 밖으로 나온다면 가엾게도 벌레들의 먹이가 될 뿐입니다. 만약 재상께서 큰 물고기에 해당한다면, 제나라 왕께서는 바닷물에 해당합니다. 제나라만 꽉 잡고 있으면 재상께서는 설 땅에 성을 쌓을 필요가 없습니다. 하지만 제나라에서 멀어진다면, 하늘까지 닿는 성벽을 쌓아 봤자 아무런 도움도 되지 않을 것입니다.

"과연 그렇군."

재상은 고개를 끄덕이고 곧 성을 쌓는 일을 중지했다.

혀만 있으면 돼

혀는 쓰면 쓸수록 날카로워지는 유일한 도구이다.

조지 워싱턴

초나라의 재상 소양이라는 사람이 있었다. 그런데 어느 날, 아끼던 보석이 사라지자 그는 가난뱅이 장의가 훔친 것으로 생각해 벌을 내렸다. 장의는 반죽음이 되도록 매질을 당한 다음 내쫓기고 말았다. 사람이 아닌 듯한 몰골로 고향집에 돌아온 장의를 보고, 그의 아내가 기가 막혀 눈물을 흘리며 말했다.

"그냥 남들 사는 것처럼 조용히 살지 않고, 괜히 공부를 하느니 출세를 하느니 하기에 이런 억울한 봉변을 당하는 겁니다."

그러나 장의는 아내의 호소에도 아랑곳하지 않고 느닷없이 혀를 내밀어 보였다.

"내 혀를 보시오. 아직 있지요?"

"네, 있습니다."

"그러면 걱정 없소."

장의는 몸이야 어떻게 상하든, 비록 절름발이가 된다고 해도 혀만 건재하다면 천하를 움직일 수 있다는 뜻으로 말한 것이다. 그의 말대로, 훗날 장의는 진나라에서 재상이 되어 혀로 천하를 움직였다.

천하가 살찌는 정치

덕으로 정치를 하는 것은, 북극성은 제자리에 있고
여러 별이 그 주위를 도는 것과 같다.

공자

—

당나라 현종 시절, 한휴라는 고지식하지만 강직한 재상이 있었다. 만약 현종이 술자리에서 과음하였을 경우에는 측근에게 "한휴가 알면 곤란해"라고 말할 정도였다. 그런데 어느 날, 곁에 있던 신하가 현종에게 넌지시 말했다.

"한휴가 재상이 되고부터 폐하께서 여위셨습니다."

그러자 현종은 그 신하에게 이렇게 말했다.

"한휴 덕분에 짐은 여위었소. 그러나 천하는 살쪘소."

이처럼 뛰어난 보좌관이 있는 데다, 본인 또한 사사로운 일에 휩쓸리지 않고 정치에 임했기 때문에 현종은 개원의 치(천하가 태평한 시대)를 이룩할 수 있었다.

적재적소의 교육

**교육이 한 인간을 양성하기 시작할 때의 방향이
훗날 그의 삶을 결정할 것이다.**

플라톤

———

옛날 중국의 서린이라는 사람에게는 아들이 다섯이나 있었다. 다섯 아들 중 한 명은 성실하고, 또 하나는 똑똑하였다. 그런데 나머지 세 명은 각각 장님, 절름발이, 꼽추였다. 그래서 서린은 성실한 아들에게는 농사를 가르쳤고, 똑똑한 아들에게는 장사하는 것을 가르쳤다. 그리고 장님인 아들에게는 점술을 가르쳤고, 절름발이 아들에게는 마작을 가르쳤으며, 꼽추인 아들에게는 길쌈을 가르쳤다. 이처럼 서린은 다섯 아들이 각자의 장점을 살려 일할 수 있도록 교육했다. 그 결과, 모두가 안정적인 삶의 기반을 마련할 수 있었다.

값싸게 얻은 승리

아는 것이 힘이다.

프랜시스 베이컨

———

제1차 세계 대전 종전 후, 드골은 말했다.

"다음 번에 전쟁이 일어난다면, 그 중심에는 탱크가 있을 것이다."

드골은 《미래의 군대》라는 저서에서 우수한 장갑 부대의 양성이 미래의 전쟁에서 승부를 결정짓는 중요한 역할을 할 것이라고 밝혔다. 그런데 당시 프랑스는 드골의 예측을 무시한 반면, 독일에서는 드골의 예측을 중요하게 받아들였다. 그리고 제2차 세계 대전이 일어난 1945년 5월, 독일은 대규모 장갑 부대를 동원하여 프랑스를 공격하였다. 결국 프랑스는 한 달 반만에 독일에 항복하고 말았다. 이에 프랑스 사람들은 '독일인들이 단돈 15프랑(드골의 책 가격)으로 전쟁에서 승리했다'고 말하며 자신들의 패배를 안타까워했다.

상대성 이론

사고와 지식은 항상 같이 걸어야 한다.
그렇지 않으면 지식은 발전 없이 죽고 만다.

훔볼트

———

　　어느 날, 한 젊은이가 아인슈타인에게 상대성 이론이 무엇인지를 물었다. 아인슈타인은 서슴없이 이렇게 대답했다.

　　"자네가 매력적인 상대와 두 시간을 있었다고 해보세. 자네는 이 두 시간이 아마 1분처럼 느껴졌을 것이네. 하지만 만약, 자네가 불타는 난로 위에 1분을 올라가 있었다면 아마도 그 1분은 두 시간처럼 느껴졌을 거야. 이게 바로 상대성 이론이라는 걸세."

"시간을 짧게 하는 것은 무엇인가?
활동이다.
시간을 길게 하는 것은 무엇인가?
안일이다. "

요한 볼프강 폰 괴테
—

간신을 사랑한 왕

세상에 존재하는 악은 대부분이 무지(無知)에서 유래된다.
지식이 없으면, 선량한 의지도 악의처럼 많은 피해를 준다.

알베르 카뮈
———

청나라의 건륭제는 화신이라는 신하를 만나자마자 보배라도 얻은 듯 총애하면서 자신의 아들보다도 더 신임했다. 화신을 향한 건륭제의 믿음은, 그에 대한 나쁜 소문을 들어도 진위를 따지지 않고 무시할 정도였다. 또한 충직한 대신들이 화신을 반대하자, 자신의 팔을 떼어놓으려 한다며 오히려 그들을 탄압했다. 화신은 외모가 단정하고 말주변이 좋으며, 세상 물정을 꿰고 있었다. 또 총명하고 눈치가 빠르며 일처리도 잘했다. 무엇보다도 건륭제의 성격, 좋아하는 것, 생활 습관 등을 모두 파악하고 있어서 왕의 속마음까지도 읽을 수 있었다. 무슨 일이든 미리미리 알아서 해 놓는 재주는 따를 자가 없어서, 건륭제도 매번 깜짝깜짝 놀라며 참으로 얻기 힘든 신하라고 칭찬했다.

재물을 모으는 데도 뛰어났던 화신은 다양한 방법으로 나라의 재산을 불렸기 때문에, 국고에는 언제나 돈이 넘쳤다. 또한 화신은 건륭제 앞에서는 신하라는 말을 쓰지 않고 늘 스스로를 노비라고 부르면서 마치 왕의 노예인 듯 행동했다. 또한 조정의 높은 자리에 있는 티를 전혀 내지 않았고, 심지어 건륭제의 요강까지 들어주면서 친아들보다 더 충성을 보였다.

이런 식으로 왕의 총애를 받은 화신은 결국 나라의 권력을 장악하여 멋대로 휘둘렀다. 사실 화신은 매우 탐욕스럽고 음험한 자로, 황제의 신임을 얻기 위해서 충신처럼 연극한 것이다. 화신이 권력을 독차지하며 축적한 재산만 해도 8억 냥이 넘었는데, 이는 당시 청나라 1년 재정의 무려 열 배에 달하는 돈이었다. 이로써 태평성대하던 청나라가 건륭 말년에는 멸망의 길로 들어서게 되었다.

뛰어난 지혜

**말해야 할 때와 침묵해야 할 때를 아는 것은
훌륭한 일이다.**

세네카

———

당나라 고종 때의 일이다. 이적과 장손무기, 저수량은 모두 고종
의 깊은 신임을 받고 있었다. 그런데 당고종이 무측천을 황후의 자
리에 앉히려고 하자, 장손무기와 저수량은 강력하게 반대했다. 그러
나 눈치 빠른 이적은 고종의 뜻에 반대했다가는 후일이 좋지 못할
것을 알았다. 하지만 담이 작고 화를 두려워하는 인물로 낙인찍히
는 것 또한 싫었다. 그 때문에 고종이 황후를 다시 세우는 것도 편들
지 못하고, 장손무기와 저수량이 반대하는 것에도 동참하지 않았다.

어느 날, 장손무기와 저수량 등의 원로대신들이 이적을 찾아와 함
께 입궐하여 황제를 만나자고 했다. 그는 처음에 흔쾌히 대답했다
가 나중에는 병을 핑계대고 가지 않았다. 대신들이 황제를 만나고
아무 소득 없이 돌아오자, 이적은 그들을 위로했다.

"폐하의 생각을 금방 바꿀 수는 없지만, 여러분의 뜻을 버리지 않
고 계속 노력하신다면 결국 효과를 볼 것입니다."

사람들은 이적의 지혜가 뛰어난 것을 알고 있었기 때문에 대책을
세워줄 것을 청했다. 그러나 이적은 한마디로 거절했다.

"군자란 진심으로 사람을 대해야 합니다. 만약 우리가 폐하께 계책을 쓴다면, 폐하께서는 우리의 충심을 의심하실 테니 결국 일을 그르치고 말 것입니다. 진심을 다하면 될 것을 어찌하여 다른 방법을 쓰려고 하는지요."

사람들이 돌아간 후, 홀로 수심에 가득 찬 얼굴로 탁자 옆에 앉아 있는 이적의 모습을 보고 아들이 물었다.

"아버지께서는 지혜가 뛰어나신데, 이번 일은 정말 해결할 방법이 없습니까?"

이적이 깊게 한숨을 내쉬며 말했다.

"지금 장손무기 무리는 두려움 없이 설치고 있지만, 실제로는 화가 눈앞에 닥치고 있다. 나 자신의 목숨을 부지할 수 있을지조차 모르는데 무슨 방법이 있겠느냐?"

이후, 고종은 이적과 단둘이 있을 때 황후 책봉 문제에 대해 물었다.

"이는 폐하의 집안일이니 외부 사람과 상의할 필요가 없습니다."

이적은 단 한마디 말로 황제의 뜻을 따르기도 하고, 다른 사람을 탓할 수도 없게 한 것이다. 이는 그의 뛰어난 지혜를 보여주는 이야기다. 결국 장손무기, 저수량 등은 무측천이 황후가 된 후 박해를 받아 죽었지만, 이적만은 아무런 화를 입지 않았고 누구도 그를 비난하지 않았다.

성공을 결정짓는 10분

위대한 사람은 단번에 높은 곳에 오른 것이 아니다.
많은 이가 단잠을 잘 때 일어나 노력한 결과다.

로버트 브라우닝
———

미국 제20대 대통령인 가필드가 대학교에 다니던 때의 일이다. 학교에서 수학 성적이 뛰어나기로 소문난 한 학생이 있었다. 승부욕이 강했던 가필드는 그를 따라잡기 위해 열심히 공부하였다. 그러나 가필드의 노력에도 수학만큼은 언제나 그 학생이 더 우수했다. 그러던 어느 밤, 공부를 마친 가필드가 잠자리에 들려고 하던 때였다. 문득 그 학생의 방 쪽을 쳐다보니, 불이 환하게 켜져 있었다.

"도대체 언제까지 하려는 거지?"

가필드는 그 방의 불이 꺼질 때까지 지켜보고 있었다. 10분 정도 후에 소등되자, 그는 자신도 모르게 무릎을 쳤다.

"그래, 이 10분이다!"

가필드는 다음 날 밤부터 10분 늦게 잠자리에 들기로 했다. 그 시간을 알차게 이용한 가필드는 마침내 그 학생을 추월하고 1등이 되었다. 훗날 대통령이 된 그는 당시를 회상하며 말했다.

"10분을 이용하세요. 이것이 성공을 부르는 비결입니다."

배움의 깊이

사람이 할 수 있는 가장 고결한 행동은
이해하기 위해 배우는 것이다.

스피노자

—

공자가 고금을 잘 타는 사양자에게 곡 하나를 배운 적이 있었다. 당시 열흘 정도 연습한 공자에게 사양자가 말했다.

"비슷하게 된 것 같은데 다른 곡 하나를 더 배워 보게."

"소인은 이제 겨우 악보나 익혔을 뿐, 아직 기교에 대해서는 장악하지 못했습니다."

며칠이 지나 사양자가 또 말하였다.

"그쯤 하면 기교도 장악한 것 같으니, 다른 곡을 배우도록 하게."

"소인은 아직 이 곡의 사상과 감정을 체험하지 못했습니다."

그렇게 오랜 시간이 흘렀다. 하루는 공자가 상기된 얼굴로 사양자에게 달려와 말하였다.

"소인이 드디어 이 곡을 누가 지었는지 알게 되었습니다. 그 사람은 키가 훤칠하고 얼굴이 검실검실하며, 언제나 사람을 덕으로 감화시키는 주문왕으로 생각되옵니다."

사양자도 몹시 기뻐하며 말하였다.

"자네 말이 맞네. 그래서 이 곡을 〈문왕조〉라고 한다네!"

조조를 움직인 충언

무릇 전쟁에 승리하려면 용기가 필요하다.

《좌전》

———

조조는 집요하게 하비성을 공략했지만, 용맹한 장수인 여포가 지키고 있어 도저히 함락시킬 수가 없었다. 그렇게 병사들의 피로는 날로 더해지고, 식량은 줄어들기 시작했다. 어쩔 수 없이 조조는 군사를 거둘 준비를 하였다. 그때, 신하인 순유가 조조를 말리며 이렇게 말했다.

"여포는 용맹하기는 하지만 계책이 약합니다. 게다가 여포는 거듭된 패전으로 매우 상심해 있을 것이고, 대장의 날카로운 기세가 꺾인다면 병사들도 당연히 기력이 사라질 것입니다. 그의 기세가 회복되지 않은 지금, 한번 더 공격하면 반드시 함락시킬 수 있습니다. 전투는 어차피 인내심 겨루기고, 장군들의 정신력 싸움입니다. 기가 꺾였다는 것을 적에게 절대 보여서는 안 되며, 이 순간에 조금 더 힘써야 합니다."

단념의 유혹에 사로잡혀 있던 조조는 순유의 설득을 통해 생각을 고쳤다. 그리고 공격을 재개하여 결국 여포를 붙잡는 데 성공했다.

링컨의 선거 자금

가슴속에 자리한 '양심'이라는
작고 신성한 불꽃이 꺼지지 않도록 노력하라.

조지 워싱턴

———

링컨이 주 의회 선거에 출마했을 때, 당에서는 그에게 2백 달러의 선거 자금을 지원해 주었다. 그런데 링컨은 선거가 끝나자 곧바로 199달러 25센트를 편지와 함께 당으로 되돌려 보냈다. 링컨이 편지에 쓴 내용은 이러했다.

선거 기간 동안 나는 말을 타고 다녔으므로
비용이 전혀 들지 않았습니다.
다만 한 노인에게 음료수를 대접하느라 75센트를 지출했습니다.
그래서 그를 뺀 나머지 돈을 반납합니다.

이처럼 링컨의 정직한 심성은 당원들을 감동시켰고, 결국 그는 대통령 후보로 추천되기에 이르렀다.

생각을 키우는 명언의 지혜

1판 1쇄 발행 2021년 1월 20일
1판 5쇄 발행 2022년 12월 10일

엮은이 장석만
펴낸이 이윤규

펴낸곳 유아이북스
출판등록 2012년 4월 2일
주소 (우) 04317 서울시 용산구 효창원로 64길 6
전화 (02) 704-2521
팩스 (02) 715-3536
이메일 uibooks@uibooks.co.kr

ISBN 979-11-6322-052-7 43190
값 12,000원